청소년과 대학생을 위한

심리학의 모든 것

노을이

All About

Psychology

FOR TEENS AND COLLEGE STUDENTS

박영story

여는 글

오랫동안 상담을 해 온 사람으로서, 여러분에게 심리학을 소개하게 되어 기뻐요. 이 세상에 도움되는 학문은 많지만, 심리학은 우리의 성장과 행복에 특히 도움이 되는 학문이거든요. 눈부신 속도로 발전 중인 학문이기도 하고요. 현재 무궁무진하게 뻗어 나가고 있어 미래 모습을 상상하기 어렵습니다. 저는 심리학이 이렇게 된 데에는 이유가 있다고 생각해요. 바로 인간을 향한 지극한 관심과 애정이 토대가 되어 탄생했기 때문이죠.

학문의 이름이 곧 '철학'이었던 고대에는 수학과 심리학은 한 과목이었답니다. 신기하죠? 그 시절부터 심리학은 사람을 깊이 이해하고자 했고, 고통을 돕고자 했어요. 그런 끈질긴 노력 끝에 이제 심리학은 인간에 관한 가장 다양한 지식을 가진 학문이 되었답니다.

심리학은 알면 알수록 새롭고 놀랍습니다. 여러분도 이 책의 페이지를 넘기며 한 번도 생각해 보지 않았던 '심리학'을 만나리라 믿어요. 물론, 익숙하게 떠오르는 전통 분야도 '충실히' 알게 되겠지만요.

알고 보면 현대에는 심리학을 활용하지 않는 분야가 별로 없답니다. 핸드폰을 비롯한 각종 사물인터넷으로 여러분이 오늘 하루 얼마나 많은 심리학을 만났는지 아나요? 대변혁을 일으키는 중인 AI를 탄생시킨 부모가 심리학이라 해도 과언이 아니에요. 매일 받는 수업, 수없이 스치는 광고, 다양하고 빠른 유행 트렌드는 말할 것도 없지요. '숏폼'에 심리학적 설계가 들어가 있음을 아나요? '인간'이 있는 곳에는 '마음'이 있고, '마음'이 있는 곳에는 어디든 심리학이 있어요. 우리 생각보다 훨씬 가까이에 있답니다.

여러분은 어머니의 뱃속에서 0살로 태어나요. 그리고 수많은 경험과 다양한 상황을 만나며 일생을 살죠. 우리가 만나는 변화무쌍한 이 모든 시기에 심리학은 깊은 관심을 기울여요. 여러분이 느끼는 감정과 친구와 나누는 대화, 책상 앞에서 펼쳐 든 숙제 하나까지 말이지요. 알고 보면 놀랄 만큼 심리학은 오랜 시간 세심하면서도 폭넓게 인간 삶에 함께해 왔습니다.

심리학은 인간의 모태기부터 모든 '발달'의 순간에 함께합니다. 모든 '성장과 좌절', '건강과 불건강'의 시기를 함께하죠. 인간이 만나는 모든 '환경'과 '반응'을 연구합니다. 어떤 상태, 어떤 모습이든 인간은 심리학의 시선 속에 있어요. 그리고 도움을 받을 수 있습니다.

어떻게 이런 일이 가능하냐고요? 심리학은 인간의 모든 것을 이해해 보고 싶어 탄생한 학문이거든요. 인간의 사소한 말이나 행동부터, 깊이를 다 알기 힘든 무의식의 세계까지 말이죠. 이제는 첨단 과학과 만나 뇌신경학부터 우주공학까지 놀랍도록 영역을 확장하고 있어요. 인간의 삶이 다양해지는 만큼 심리학의 영역도 폭발적으로 성장 중이죠. 인간을 담아 보려는 노력을 지금 이 순간에도 하고 있기 때문이에요. 이런 이해와 관심은 신기하게도 인간을 가장 객관적으로 보게 해 준답니다.

인간을 알아 가는 데 가장 탁월한 능력을 키우고 있는 이 젊은 학문을 만나는 일은 앞으로 필수일 듯해요. 20년 가까이 심리학과 함께하며 저는 심리학의 도움을 많이 받았어요. 그래서 여러분에게 진정으로 전합니다. "여러분, 심리학을 알아 가는 일은 정말 유익해요!"

이 책을 통해 여러분이 제가 만난 심리학을 조금이나마 맛보는 기회가 된다면 그것으로 충분합니다.

예측 못한 어려움으로 많은 시간이 걸린 이 책을 끝까지 믿고 기다려 주신 피와이메이트와 노현 대표님, 늘 따뜻하게 편집을 진행해 주신 김용순 편집자님, 심리학의 깊은 세계를 끊임없이 알아 가도록 가르쳐 주시고 이끌어 주신 은사님들, 내가 가장 약할 때 큰 포용력과 따뜻한 사랑을 알게 해 주는 존경하는 남편, 측량 못할 사랑과 이끄심으로 제 삶과 동행하시는 그분께 진실한 감사를 전합니다.

오후 햇살이 쏟아지는 창밖을 바라보며

노을이

차례

PART 2 심리학 세계 완전 정복!

PART 1

심리학이 궁금해요!

PART 01

심리학이 궁금해요!

학원에서 돌아온 늦은 시간, 슬이는 집에 도착하자마자 가방은 던져두고 게임창부터 켭니다. 곧 엄마가 정한 게임금지 시간이라, 로딩 화면도 오늘따라 길게 느껴집니다. 접속창이 뜨는 순간 접속자 명단부터 확인합니다.

'아직 있다!'

minmin11, 얼마 전 팀플을 하면서 친해진 친구입니다. 대화가 잘 통해 이것저것 얘기하다 보니 모 고교를 다니는 한 살 위 오빠인 걸 알게됐습니다. 채팅창을 띄우고 몇 번 썼다 지웠다를 반복합니다. 뭐라 인사해야 친근하면서 편하고 쿨해 보일지 고민입니다.

"오자마자 게임질이야? 씻지도 않고!"

"아, 알았어, 잠깐만."

엄마의 잔소리도 오늘은 짜증나지 않습니다. 오빠와 대화 중이니까요. 오빠는 어떻게 생겼을까? 카톡 ID는 뭘까? 인별도 하려나? 뭘 좋아할까? 나에 대해 어떻게 생각할까? 슬이는 요즘 세상에서 오빠가 가장 알고 싶습니다.

'인간을 알고 싶다'는 호기심은 역사의 어느 대목을 짚어 보아도 생생하고 오래된 열망입니다. 슬이처럼 달달한 호기심부터, '나는 누구인가'하는 진지한 고뇌까지 인간은 참 다양한 이유로 인간을 알고 싶어 했습니다. 수많은 문명이 번영했다 사라지고, 문화와 교육과 기술이 까마득하게 발전한 현대에도 여전히 사람은 사람을 알고 싶어 하죠. 이토록 변함없는 걸 보면 '나와 너를 알고 싶은 마음'은 아마도 인간의 본능인 듯합니다.

'인간을 알고 싶다'라는 호기심에서 심리학은 탄생합니다. 즉, 심리학은 인간 그리고 인간과 연결된 모든 것을 알고 싶다는 본능에서 태어난 학문입니다. 그러니 '심리학이 언제부터 있었나?'하고 물으면 인류가 존재한 시간 동안 심리학도 존재했다고 말해도 과언이 아닙니다.

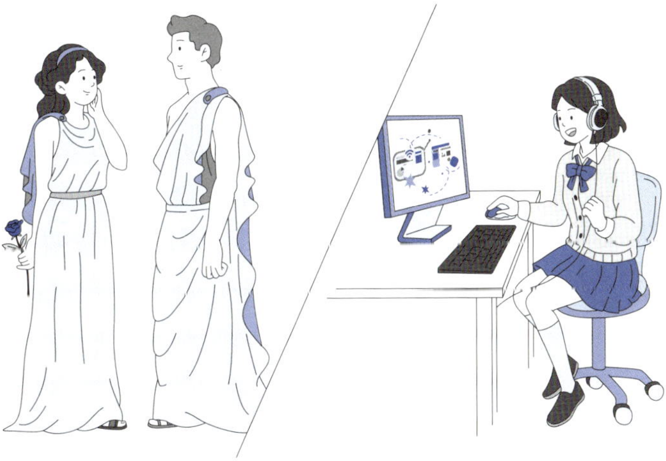

물론, 심리학이 처음부터 오늘날 같은 모습은 아니었습니다. 오늘날 심리학은 사회과학의 한 분야이자 뇌신경학, 통계학, IT 분야와도

깊이 연결된 최첨단 학문이죠. 그래서 '과학'이라는 토대가 세워진 근대에 이르러서야 심리학도 지금의 모습을 갖추었습니다. 철학, 수학처럼 오래된 학문이 근엄하게 수염을 쓰다듬을 동안, 심리학은 젊음을 뽐내며 온갖 새로운 도전을 하고 있습니다.

불교와 도교, 유교, 고대 그리스 철학 등 인류의 위대한 정신적 유산이 사실은 심리학이라는 사실을 알고 있나요? 갑자기 웬 뚱딴지 같은 소리냐고요? 물론 오늘날 이 학문들은 철학, 종교 등에서 대표로 자리 잡았죠. 그러나 불교의 부처가 고민한 것도 '왜 인간은 고통을 느끼고, 어떻게 하면 고통을 벗어나는가?'였다는 사실! 도교도 끊임없이 자연과 닮은 마음 상태로 돌아가도록 안내합니다. 공자가 그토록 강조한 인(仁)도 사람의 바람직한 마음 상태, 즉 군자의 마음가짐을 말합니다. 소크라테스의 "너 자신을 알라!"라는 말은 이미 모두가 알지요.

마음의 원리를 이해하고, 어떤 마음으로 살아야 하는가를 고민한 측면에서 이 모든 학문은 심리학이기도 합니다. 나아가 인간이 고통을 겪는 이유와 해결 방법을 마음의 영역에서 찾는 탐구는 오늘날 심리학자가 보기에도 놀라운 수준이죠.

이렇듯 심리학은 인간을 이해하고, 보이지 않는 마음의 고통을 치료하려는 욕구에서 시작되었습니다. 그래서 오늘날도 생각과 마음, 행동을 깊이 연구하고 마음의 병을 치료하는 일은 심리학의 본연의 임무죠. 수많은 노력 끝에 지금은 좋은 심리상담센터와 병원도 많아져 누구든 필요할 때 도움을 받습니다. 드넓은 심리학의 세계를 소개할 이 책에서 가장 먼저 친숙한 상담 & 임상심리학을 소개해 볼게요.

"인간을 이해하고 치료하고 싶어요" : 상담 & 임상심리학

'나만 이런 고민을 하는 걸까?' 이런 생각이 들 때 사람은 불안해집니다. 주위를 둘러보면 다들 잘 살아가고 있죠. SNS를 켜 보면 여유롭고 행복한 사람이 너무나 많습니다. 소위 '인싸'가 되려면 내가 극복해야 할 환경적, 심리적 한계가 까마득하게 높아 보입니다. 난 너무나 작고 낙오된 듯해 외로움과 슬픔이 느껴지죠. 그러나 이런 마음을 나눌 사람이 없습니다. 설상가상 친구들에게 진짜 내 모습을 들키기라도 하면 '별로인 애'가 되어 소외될까 봐 긴장의 연속입니다.

놀라운 사실을 알려 줄까요? 현대인은 대부분 방금 말한 고민을 합니다. 경제적으로 부유한 사람도, 성적이 전국 1% 안에 드는 수재도, 누구나 알아보는 인기 스타도, 모두가 부러워할 만한 대기업 사원도 이런 고민을 합니다. 그럴 리 없다고요? 안 믿기면 조금만 검색을 해 보세요. 각종 인터뷰와 방송프로그램, 유튜브 동영상에서 이런 고민을 털어놓는 모습을 발견할 겁니다. 저도 17년 간 상담을 해 오면서 비슷한 고민을 하는 다양한 나이와 직업, 계층의 사람들을 만났습니다.

물론 우리에게 행복한 순간도 있습니다. 일이 잘 풀릴 때, 정말 맘이 잘 맞는 친구를 만날 때, 원하던 일이 성취되거나 사랑에 빠질 때, 가족과 단란한 여행을 떠났을 때 같은 순간이죠. '이 순간이 영원하면 좋겠다.'라고 바라게 되는 그런 때 삶은 아름답고, 나는 참 괜찮은 사람으로 느껴집니다. 뭐든 의욕적으로 도전하면 성취해 내리라는 용기도 샘솟죠. 삶이 이런 날들로만 이어진다면 아무 바랄 것이 없을 듯합니다.

현실은 우리에게 어느 한쪽만을 주지 않죠. 여러분에게 확실히 말씀드릴 수 있어요. 이 세상에 행복하기만 한 사람은 없습니다. 삶을 살아가면 반드시 어디선가 좌절과 슬픔, 고통을 만나야 합니다. 단지 상황과 정도의 차이만 있을 뿐이죠. 관건은 그런 순간을 얼마나 유연하게 받아들이고 건강하게 통과할까입니다.

심리학이 심리학으로 불리기도 전, 고대부터 고민한 주제가 바로 이 문제입니다. 인간은 왜 고통을 느낄까? 그리고 고통받는 사람을 어떻게 도와야 하는가? 이 질문은 심리학의 시작점이 되었어요. 그만큼 상담심리학은 심리학의 존재 이유와 연관이 깊습니다. 몸에 상처가 나면 눈에 보이지만, 사랑하는 가족을 잃어 겪는 마음의 슬픔은 눈에 보이지 않죠. 눈에 보이지 않는 마음이 어떻게 움직이는지 이해하고, 마음의 아픔을 해결하고자 하는 노력은 심리학의 가장 오래된 숙제입니다. 그만큼 많은 사람의 노력이 쌓여 왔죠.

나와 너의 만남, 그 안에서 일어나는 치유의 힘

'상담'이라는 단어는 우리가 일상적으로 사용하는 말입니다. 우리는 참 많이 상담을 해 주거나 받습니다. 친구들끼리 '고민상담'을 하고 담임선생님과는 '진로상담'을 합니다. 어른들은 서로 '인생상담'을 주거니 받거니 합니다. 스님이나 신부님, 목사님께 받는 '신앙상담'도 있지요. 심지어 보험을 가입할 때, 피부과나 성형외과 시술을 받을 때도 우리는 상담을 받습니다. 그러나 이 모든 상담은 '심리상담'과는 아주 다릅니다.

그러면 마음을 치료하는 '심리상담'은 무엇일까요? 앞선 상담과는 무엇이 다를까요? 먼저 목적을 살펴보면 좀 쉽습니다. 심리상담의 목표는 간단히 말하면 '고통 극복'과 '성장'입니다. 사람은 누구나 살아가면서 크고 작은 어려움을 만납니다. 그때 친구랑 의논하거나 운동을 시작하거나 아르바이트를 하는 등 나름대로 해결책을 찾습니다. 여러 방법을 시도해 보다 스스로 극복하기 어려울 때 심리상담을 떠올리죠. 우리가 독감처럼 저절로 낫지 않는 병에 걸릴 때 병원을 찾는 것과 비슷합니다.

심리상담사는 인간의 마음을 중심으로 여러 삶이 문제를 돕도록 훈련받은 전문가입니다. 마음이 어떻게, 왜 그렇게 작동하는지 원리를 이해하고 걸림돌을 제거해 마음이 건강하게 움직이도록 돕죠. 이 치료를 위해 무궁무진한 방법이 시도됩니다. 말로 간단히 설명이 어려운 실존적 치료 작업도 많아요.

그 외에도 자신의 내면을 알아차리는 꿈일기, 감정일기 같은 개인작업부터 대화 상황을 미리 경험하고 실전에 적용하는 관계 역할

연습, 과거의 패턴과 다른 대안 행동을 찾고 하나씩 실천해 보는 사회적 실험 등등... 자세히 설명하려면 수십 권의 책이 필요합니다. 다만, 공통점이 있어요. 이 치료 과정은 심리상담사가 일방적으로 혼자 진행하지 못해요. 방법이 맞아도 '언제' 하는가 또한 중요합니다.

똑같은 외모의 사람이 없듯 마음의 형태도 다 다릅니다. 그래서 내담자 마음의 상태와 형태, 그 사람에게 익숙한 환경과 살아온 삶을 충분히 이해하고 공감하는 과정이 정말 중요합니다. 먼저 내담자의 경험과 마음의 온도와 속도에 조율하는 '치료적 신뢰형성'은 성공적 치료의 핵심요소입니다. 신기한 일은 치료적 신뢰가 충분히 쌓이면 대부분 내담자 스스로 회복 방법을 찾아낸다는 거죠. 인간은 그만큼 생명력 있는 존재입니다.

심리상담은 상담자와 내담자의 만남 자체를 활용하는 치료입니다. 상담실에서 일어나는 '지금 여기', '나와 너의 만남'이 치료의 가장 강력한 재료가 되죠. '치료적 신뢰관계' 안에서 함께 문제를 고민하고 해결해 갑니다. 그 과정에서 수많은 감정 정화와 깨달음, 내적 성장이 일어나요. 고통 극복은 그 성장의 결과물입니다.

누구를 만나야 할까?

내가 혼자 감당하기 어려운 상황일 때 찾아가는 상담자라면, 그 사람이 실력 있고 좋은 전문가여야 하겠죠? 심리상담은 관계를 통해 치료하는 과정입니다. 그래서 '누구를 상담자로 만나는가'는 무엇보다 중요합니다. 상담실은 여러분의 가장 약해진 모습을 안심하고 드러내고 다뤄 볼 장소여야 하죠. 그래서 상담자가 얼마나 경험이 풍부하며 어떤 수련을 받았고, 어떤 문제를 다루는 데 전문가인지 알아보면 좋습니다. 심리상담사는 자신을 치료적 도구로 활용합니다. 그렇기 때문에 끊임없는 수련과 자기점검이 필요한 직업입니다.

우리나라에서도 임상 및 심리상담사의 수련 과정과 자격 기준은 갈수록 강화되고 있어요. 대부분 석사학위 이상의 자격을 요구하고, 최소 2~3년의 수련 기간을 거쳐야 자격 응시가 가능합니다. 서류심사 및 필기, 면접시험도 통과해야하죠. 상담사가 된 후에도, 더 경험이 많은 지도감독과 상담 사례를 논의하고 지도를 받는 수퍼비전을 받아야 합니다.

정기적인 재교육과 교육분석(상담자가 성장을 위해 상담받는 일)을 통한 자기돌봄도 의무로 규정하고 있지요. 미국같은 경우 5년에 한 번 다른 주로 가서 최소 6개월 간 교육분석을 받도록 하는 학회도 있어요. 여러분이 선택할 때 최소한의 기준이 되도록 믿을만 한 수련을 거쳐 자격을 받는 직업을 뒤에 따로 안내할게요.

좋은 상담가를 만나는 일만큼이나 나와 '결이 맞는 상담가'를 만나는 일도 중요하죠. 충분한 경험과 실력이 있고, 윤리원칙을 지켜 상담하는 전문가를 찾았나요? 그 다음은 '나와 소통이 잘 되는가?', '내가 안심하고 민감한 부분까지 개방할 수 있는가?'를 확인해 보기 바라요. 아무리 유명한 상담사여도 나와 결이 안 맞기도 해요.

상담은 상담실에서 일어나는 상호작용을 통해 실험과 도전, 치유와 성장을 경험하는 장입니다. 그래서 서로 단단한 신뢰 안에서 문제 속으로 기꺼이 뛰어들 만큼의 '안전감'이 필요합니다. 짧게는 몇 개월, 길게는 수년간 함께 그 작업을 해 갈 전문가를 찾는 거죠. 부디 충분히 경험해 보고 결정하길 바라요. 대한민국엔 이미 좋은 상담사가 많습니다.

우리는 상담의 혜택을 받는 환경에서 살고 있습니다. 상담실의 문턱도 많이 낮아졌죠. 최근엔 비용의 대부분을 나라에서 지원받고 상담받을 기회도 넓어졌어요. 상담사 한 명을 길러 내는 데 비용과 시간이 많이 들기 때문에, 심리상담은 기본적으로 비용이 저렴하기 어렵습니다. 그러니 여러분이 학교나 대학에서, WEE센터나 청소년상담원(1388)에서 받을 수 있는 상담의 기회를 적극적으로 활용해 보길 권합니다.

상담은 어떻게 이뤄지나요?: 대상과 유형

상담 시간에 무슨 일이 일어나길래 사람이 중요하고, 성장과 회복이 일어난다는 걸까요? 어떻게 몇 년씩도 한다는 건지 궁금하죠? 상담의 좀 더 구체적인 세계에 대해 한 번 다뤄 보아요.

먼저 어떤 사람이 상담 대상일까요? 문제 해결과 성장을 원하는 모든 연령대의 사람입니다. 아기부터 노인까지, 건강한 사람부터 마음이 많이 아픈 사람까지 다 전문적인 심리치료를 받습니다. 상담은 가능한 최대의 사람을 끌어안죠. 예를들어, 여러분이 뉴스에서 종종 접하는 조현병 환자는 무섭고 이해하기 어려운 존재일 듯해요. 그러나 심한 조현병을 앓는 환자도 입원병동에서 정신과 의사에게 상담을 받습니다. 물론 시간이 걸리지만 회복도 되죠. 사건 사고를 일으키는 환자의 대부분은 제때 치료를 받지 못하고 오래 방치된 사람들입니다. 적절한 약물치료와 돌봄이 있으면 충분히 일상생활이 가능합니다.

그렇다면 상담이 어려운 경우는 어떤 상황일까요? 대체로 상담은 언어소통이 필요해요. 그래서 언어를 듣거나 말하는 데 어려움이 있으면 상담에 제한이 있습니다. 또 알츠하이머처럼 뇌의 기능적인 이상이 있는 경우도 상담이 어렵습니다. 하지만 요즘은 신체심리치료, 다양한 예술치료가 개발되어 있어요. 언어를 많이 쓰지 않고도 상담이 가능한 시대죠. 앞으로 점점 더 한계가 극복되리라고 전망해요.

상담을 받으려면 기본적으로 이해하고 기억하는 **인지능력**, 공감하고 이입해 느끼는 **정서능력**, 깨달은 점을 행동으로 옮기는 **실행능력**이 필요합니다. 이런 능력에 심한 손상이 있는 경우도 상담이 어렵죠. 예를 들면 정서능력에 심각한 결핍이 있는 사이코패스는 상담 대상이 아닙니다.

그럼 상담은 어떻게 진행될까요? 기본적으로 상담자와 내담자가 1:1로 만나 서로 대화를 나누는 **개인상담**, 부부나 커플이 같이 상담자를 만나 셋이 진행하는 **커플상담**, 부모와 자녀가 함께 진행하거나, 온 가족이 참여하는 **가족상담**, 그리고 관계와 상관없이 치료적 목표를 갖고 여러 사람이 참여해 한두 명의 집단리더와 함께 진행하는 **집단상담**이 있습니다.

개인상담은 내담자 한 사람을 위해 진행되는 치료예요. 내담자의 어려움 및 성장이 필요한 부분, 적응해야 할 영역 등을 구체적으로 살펴보며 필요하면 원인까지 충분히 다룹니다. 한 사람의 내적 성장을 위해 협력하며 집중하는 시간이죠. 상담이 잘 이뤄지면 내담자는 자신을 있는 그대로 통합해 이해하게 돼요. 자존감이 회복되고 문제해결 방법을 배우게 됩니다.

커플상담은 부부나 연인 등 두 사람 사이의 관계 문제를 다루는 상담이에요. 필요하면 개인상담을 진행하기도 하지만, 상담목표는 '두 사람의 관계 변화'예요. 서로 이해가 깊어지고 더 나은 소통방법을 배워 건강한 상호작용을 하도록 돕는 거지요. 모든 과정이 이 목표를 향해 있기 때문에 같은 상담자와 만나도 개인상담과는 다른 과정을 거친답니다.

가족상담은 상담자가 매개체가 되어 가족 안에서 일어나는 상호작용을 가족구성원이 함께 이해하도록 도와요. 대체로 어려움을 겪는 가정엔 그 가정 안의 부정적 영향력을 집중적으로 받게 되는 구성원이 있어요. 가족 내에서 가장 약한 사람이 주로 희생양이 되기 때문에, 많은 경우 어린 자녀가 문제를 일으켜 상담실에 오곤 해요. 희생양은 '지금 우리 집에 문제가 있어요. 도와주세요!'하고 구조신호를 보내는 거지요. 그래서 가족상담은 '누가 옳고 나쁜가'가 아니라, 우리 가정에 어떤 힘이 작용하고 있고 어떤 식으로 가족들이 다 영향 받는가를 보게 도와요. 그 결과 변하고 싶다는 공동의 목표가 생기면 더 건강한 가정이 되도록 패턴을 바꾸는 연습을 하지요.

마지막으로 **집단상담**은 앞의 상담들과는 성격이 많이 달라요. 리더 역할을 하는 상담자가 있지만, 대부분 치료 과정은 집단에 참여한 사람들이 서로 소통하며 이뤄지지요. 자신의 고통을 안전한 환경에서 다른 사람들과 함께 나누는 일, 그 자리에서 일어나는 소통의 힘을 직접 느끼는 일은 사람에게 강력한 치료적 힘을 발휘합니다. 그래서 집단 상담은 매우 다양한 종류와 형태가 있어요.

어떻게 마음을 이해할까?: 심리치료 이론과 치료적 접근

우리가 위염이나 장염에 걸리면 내시경 검사로 위와 장을 직접 관찰하잖아요. 아픈 곳을 정확히 파악하고 치료하는 일은 정말 중요하지요. 그것처럼 마음도 치료하려면 특성을 이해하고 어떻게 치료할지를 알고 접근해야 합니다. 그런데 마음은 눈에 보이지 않아요. 그래서 심리학은 '마음의 형태'를 이해하는 다양한 시도를 했어요. 그 노력의 결과 오늘날엔 마음을 다양한 각도로 이해하는 치료 이론들이 잘 쌓여 있지요. 이 이론들은 심리학의 뼈대와 같은 역할을 해서 앞으로도 반복해 나온답니다. 지금은 간단히 살펴보기로 해요.

정신역동 심리치료: 프로이트라는 이름을 들어 보았죠? 바로 정신역동 심리치료의 창시자이자, 오늘날 심리상담이 있도록 한 인물이라고 해도 과언이 아닙니다. 프로이트 이전의 심리치료는 사실 매우 한정적이었어요. 마음의 아주 일부분만을 보고 있었고, 심리적 질병의 원인도 잘 설명하지 못했지요.

사람의 정신적 질병 치료에 관심이 많았던 프로이트는, 처음으로 '무의식'이라는 개념을 가져옵니다. 사람의 마음에는 무의식과 의식, 의식과 무의식의 경계인 전의식으로 구성되어 있다고 보았지요. 이 개념은 혁신적이었어요. 사람의 마음이 매우 깊고 역동적인 형태이고,

지금 인식하지 못하는 마음의 깊은 곳에 고통의 원인이 있다는 새로운 인식이었죠.

원인을 찾으면 문제 해결이 가능한 경우가 많지요. 프로이트는 세상과 자신에 대한 감각이 형성되는 생애 초기 경험에서 그 원인을 발견했어요. 기억하지 못해도 뇌가 활발히 형성되는 어린시절 강렬한 외상이나 결핍, 학대나 방임 경험은 성격형성에 결정적 영향을 미치고, 정신질환의 원인이 됨을 오늘날 뇌신경학이 증명해 주지요. 놀라운 사실은 증명할 과학기술이 없던 프로이트의 시대에 이미 그는 이걸 발견했다는 거예요.

프로이트는 무의식에 있는 상처를 치료하려고 꿈의 해석, 자유연상, 심리적 방어 해석 등 다양한 방법을 개발했어요. 이후로 정신역동치료는 뛰어난 정신분석가들이 계속 등장해 발전해 왔어요. 현재 심각한 정신질환까지 원인을 설명하고 치료하는 심층심리학 분야로 당당히 자리 잡았습니다.

인지행동 심리치료: 여러분이 상담을 받으러 가면 주로 만나는 심리치료 방법이에요. 인지행동치료는 당시 비용이 많이 들고 시간이 오래 걸리던 정신역동 심리치료를 비판하며 등장했습니다. 인간이 새로운 걸 배우고 환경에 적응하는 능력인 '학습'에 주목해 탄생했지요. 부적응적 행동도 학습으로 생기고, 재학습으로 치료된다고 보았어요. 인지행동치료는 치료하려는 영역의 목표가 뚜렷하고, 상당히 체계적이에요. 그래서 상담자가 정신역동에 비해 쉽게 적용 가능하고 한정된 횟수 안에 치료 과정을 진행하기 좋다는 장점이 있지요. 이제 정신건강의학과에서 받는 인지행동치료는 보험이 되기 때문에 비용 부담도 훨씬 줄었어요.

처음 인지행동치료는 사람에게 부정적인 감정을 느끼게 하는 비합리적이고 자동적인 사고를 발견하는 데 힘을 기울였어요. '실수하는 것은 나쁜 일이다.', '다른 사람을 실망시켜선 안 된다.' 같은 믿음이지요. 이런 생각은 매우 빠르게 저절로 작동해요. 그러나 세상에 실수하지 않고 성장하는 사람도 없고, 자신과 남을 실망시키는 일은 누구나 경험합니다. 인지행동치료는 이런 편협한 신념을 발견하고 현실적인 신념과 행동으로 바꾸어서 고통을 해결하려 한거지요.

인지행동치료는 체계적이어서 다른 이론에 비해 연구가 비교적 쉽다는 강점이 있어요. 그래서 빠르게 발전을 거듭했지요. 그 결과 생각과 신념을 바꾸는 일이 잘 되지 않거나 도움을 못받는 사람이 있음을 발견했어요. 최근엔 감정이나 욕구의 좋고 나쁨을 분별하는 차원을 벗어나 판단하지 않고 있는 그대로 수용하는 방향으로 나가고 있답니다. 마음챙김을 중심으로 뇌신경학 연구도 적극적으로 수용하고 있습니다.

인간중심 심리치료: 로저스(Carl Ransom Rogers, 1902 ~ 1987)로 대표되는 인간중심치료는 심리치료의 성격을 새롭게 변혁한 치료입니다. 로저스 이전에는 치료자는 의사 역할을 했고, 내담자는 '환자'라고 불렸어요. 지금 제가 쓰는 '내담자'라는 말을 최초로 쓴 사람이 로저스입니다. 상담자가 권위자의 자리에서 내려와, 동등한 인간으로서 함께하며 회복을 촉진하는 역할을 한 거지요. 인간중심 치료는 모든 사람이 태어나면서부터 성장하려는 생명력이 있다고 봅니다. 그 생명력이 방해받을 때 심리적 어려움을 겪죠. 동시에 문제 해결 방법 또한 내담자가 가장 잘 안다고 믿었습니다.

치료자는 내담자가 스스로 길을 찾아가며 방해물을 제거하도록 돕는 존재지요. 상담자는 매순간 진솔하며, 공감적으로 이해하고, 무조건적 존중의 태도로 존재하는 것이 중요하다고 로저스는 보았어요. 인간중심치료는 당시 인본주의 철학과 실존주의의 영향을 받아 성장했어요. '진단'과 '병'의 관점을 벗어난 로저스의 태도는 심리치료계 전반에 강력한 영향을 미쳤고, 오늘날엔 대부분 심리치료의 기본 태도가 되었지요.

게슈탈트 치료도 당시 이같은 흐름에서 같이 성장한 치료예요. 독일어라 말이 생소하죠? 그렇게 어렵지는 않답니다. 게슈탈트란 매순간 인간이 경험하는 욕구나 감정을 알아차리고, 접촉해 현실적인 행동으로 해소하는 연속적 흐름을 말해요. 예를 들면, 목이 마르면 물을 마시고 싶은 욕구를 알아차리고 냉장고로 가서 물을 꺼내 마시며 시원함을 느끼는 과정이죠. 매 순간 인간에게 계속 형성되고 변화하는 '살아 있음'의 증거입니다.

이 게슈탈트가 물 흐르듯 끊임없이 형성되고 해소되며 살아가는데, 어떤 이유로 해소되지 못한 욕구나 감정은 미해결 과제로 남는다고 보았어요. 그래서 과거 경험이나 상처로 좌절되고 억압된 과제를 지금 여기서 알아차림이 중요해요. 미해결 과제를 해소하고 현재를 살아가도록 돕는 방식이 게슈탈트 치료입니다. 그러기 위해선 지금 여기서 내가 느끼는 감정과 욕구를 '자각'하는 것이 가장 중요해요. 그래서 상담실에선 '자각'의 수준을 높이는 것을 기본 목표로 삼지요. 상담자와 함께하는 안전한 환경에서, 직면하기 어려웠던 미해결 과제가 현재 미치는 영향을 인식하는 작은 실험들로 치료는 시작됩니다. 나아가 그 근원이 된 고통을 만나고 접촉해 해결해 주는 과정까지 심리치료가 이뤄집니다. 결국 자신이 주체가 되어 온전히 지금-여기를 살도록 힘을 키워 주지요.

마음의 고통, 그 이름을 밝히다: 임상심리학

상담심리학과 가장 많은 영역을 공유하고, 비슷한 일을 하는 분야가 바로 임상심리학입니다. 깊이 들어가면 두 영역이 분명한 개성이 있지만, 기본적으로 심리상담사도 임상심리사도 심리검사를 활용하고 심리치료를 합니다. 그럼 무슨 차이냐고요? 강조점의 차이라 보면 좀 쉬워요. 심리상담은 심리치료에 좀 더 방점을 둔다면, 임상심리는 정확한 진단과 개입에 좀 더 방점을 둡니다. 그래서 임상심리사는 기본적으로 심리검사와 해석의 전문가입니다. 내담자의 상태를 정확히 파악하고 필요한 도움을 주려고 노력하죠. 이런 특성 때문에 임상심리사는 병원에서 주로 근무하고, 정신보건이나 중독같은 특수한 분야에서 많이 활동합니다.

우울증, 공황장애, 조현병 같은 병명을 많이 들어 보았지요. 이 이름들은 독감, 골절, 당뇨병과 똑같이 사람이 겪는 고통의 이름들입니다. 의사가 병을 정확히 치료하려고 진단을 위해 붙여진 이름이죠. 진단을 왜 해야 하느냐고요? 빠르고 정확한 도움을 주기 위해서입니다. 여러분이 기침으로 괴로울 때 그 증상이 감기인지, 결핵인지, 독감인지 구분하는 일은 아주 중요해요. 먹는 약도 치료 방식도 다르기 때문이죠. 몸의 아픔과 마음의 아픔은 다르지 않습니다. 원인을 관찰하기 어렵다고 해서 의지력이나 운동, 영양제 같은 걸로 쉽게 해결되리라 생각해선 안 돼요. 분명히 뇌의 상태와 몸의 생리적 반응이 달라지는 질병이기 때문이죠.

정신의학과 함께 임상심리학은 많은 사람이 공통적으로 겪는 괴로움의 형태를 구분했어요. 몸이 그렇듯 사람의 마음도 보편적인 구조가 있기 때문에, 심리적 고통도 비슷한 부분이 많지요. 현재 가장 널리 사용되는 진단 기준은 DSM-5예요. 그렇게 알게 된 심리적 질병의 이름은 좀 뒤에 정리해 볼게요.

심리검사는 자기이해를 위한 종류도 있어요. 여러분이 잘 아는 MBTI가 대표적이죠. 상담실에서는 대부분 내담자의 상태를 정확히 이해하고 고통의 정도를 파악하려고 심리검사를 사용해요. 그동안 쌓인 방대한 연구와 데이터 덕분에 그 고통이 우울인지, 공포인지, 분노조절 문제인지, 현실인식 문제인지에 따라 어떻게 돕는 게 가장 효과적인지 알게 되었거든요. 임상심리사도 심리상담사도 내담자의 고통을 정확히 이해하고 가장 효과적인 치료 방식을 안내하고픈 마음은 같습니다. 효과적인 약물치료와 심리치료, 중점적으로 적응을 도와야 할 부분을 빨리 파악할수록 내담자가 고통을 겪는 시간을 줄이고 회복을 촉진하기 때문이지요.

그럼에도 진단을 받는 일에 거부감을 가진 사람이 많아요. 아직 사회적 인식이 부족하고 편견이 남아 있기 때문이에요. 교통사고를 당해 팔이나 다리가 부러졌다고 수치심을 느끼는 사람은 없지요. 그러나 우울증, 공황장애, 조현병 같은 진단을 받으면 남이 알까 봐 불안하고 수치심을 갖기도 해요. 나약함 때문에 병이 생겼다거나, 정신병자 취급을 받을까 두려운 거예요.

많은 유명인이 자신의 정신질환을 고백하며 사회적 인식이 개선되고 있지만, 아직은 갈 길이 멀어 보여요. 정신질환은 대부분 교통사고처럼 강력한 스트레스와 만나 10대 후반 ~ 30대 초반에 시작된다고 해요. 몸의 질병이 그렇듯 마음의 병도 일찍 발견해 빨리 치료할수록 회복이 빠르고 완치도 쉬워요. 부디 편견에 가로막혀 여러분과 주변의 사랑하는 사람이 기회를 놓치지 않길 바라요.

저 비정상인가요?

우울감이나 분노, 슬픔, 외로움, 짜증, 혼란스러움 같은 감정을 느끼지 않는 사람은 없어요. 우리는 모두 살아가면서 저마다 크고 작은 어려움을 만나죠. 때로는 그 사건이 사랑하는 가족과의 갑작스러운 이별이나 범죄 피해처럼 큰 충격이기도 해요. 이럴 때 일상이 무너지고 고통스러운 감정을 경험하는 건 당연합니다. 도리어 감정을 느끼지 못하고 자연스럽게 표현되지 않을 때 전문가는 더 걱정을 합니다. 외상후스트레스장애(PTSD)같은 후유증이 남을 가능성이 높기 때문이죠.

불편하고 괴로운 감정도 모두 살아 있는 마음의 활동이에요. 몸의 통증이 치료와 회복이 필요하다는 신호를 보내듯, 마음의 통증도 쉼과 회복이 필요하다는 신호입니다. 환절기에 감기에 걸렸다가도 푹

쉬면 낫듯이, 마음도 회복탄력성이 있고 잘 돌보아 주면 회복됩니다. 그래서 대부분 우리가 느끼는 불편하고 힘든 감정들은 지극히 정상입니다. 하지만 힘들 때 '혹시 내가 비정상이 아닐까?' 걱정해 본 사람이 많을 듯해요. 그렇다면 정상과 비정상은 어떻게 구분할까요?

정상과 비정상은 사실 칼로 자르듯 명확히 나뉘지 않아요. 도리어 일직선상에서 왔다 갔다 하는 구슬같다고 할까요. 대부분 사람은 행복하고 기쁘고 의욕이 넘칠 때가 있습니다. 삶에 안정감을 느끼고 자신감이 마음에 충만하죠. 그런 때 우리는 심리적 긍정성 쪽으로 구슬이 굴러갑니다. 그러다 삶이 급격한 변화를 겪을 때, 원하던 일이 좌절되고 실패를 경험할 때 우리는 괴로움을 느낍니다. 비참함, 고립감, 막막함, 절망감 같은 감정은 매우 고통스럽죠. 이럴 때 우리의 구슬은 심리적 고통 쪽으로 굴러가요. 대부분 삶은 이 일직선 상에서 구슬이 왔다 갔다하며 이뤄집니다. 우리는 큰 진폭을 겪는 듯해도 멀리서 바라보면 대체로 일정한 범위를 벗어나지 않죠. 한쪽으로 치우쳤다가도 스스로 회복하거나, 주변 환경의 도움을 받아 다시 돌아오곤 해요.

그런데 스스로 회복이 어려운 경우도 있어요. 웬만한 감기는 며칠 잘 먹고 잘 자면 극복하지만, 독감에 걸리면 병원에서 치료를 받아야 하듯이 말이죠. 이런 경우를 정상에서 일탈한 상태, 즉 '비정상'이라고 해요. 우울증이나 불안장애 등 마음이 치료가 필요한 상황이 된 거죠. 이럴 땐 심리치료의 도움이 필요합니다. 독감에 걸렸을 때 자신의 나약함 때문이라고 자책하거나 수치심을 느끼는 사람이 있나요? 심리적 어려움을 만났을 때도 마찬가지입니다.

전문가는 도움이 필요한 상태를 어떻게 판단할까요? 정신과 전문의, 임상심리사, 심리상담사 모두 기본적으로 이런 부분을 살펴봅니다. 첫 번째는 '현실 적응에 어려움을 겪고 있는가?'입니다. 심한 우울을 겪게 되면 아침에 일어나 세수하는 일도 힘겨워집니다. 대인공포가 생기면 사람이 많은 곳에 가거나 복잡한 엘리베이터를 타기도 어렵죠. 분노조절에 어려움이 생기면 조그만 갈등에도 화를 벌컥 내거나 물건을 부수는 등 충동적으로 분노를 표출합니다. 이런 상황에서 정상적으로 학교를 다니거나 직장생활을 하기란 무척 어려운 일이죠.

두 번째는 '자신이 느끼는 고통 수준이 얼마나 높은가?'입니다. 사회적으로 잘 적응하고, 나아가 성공한 사람 중에도 심리적 고통을 겪는 사람이 많습니다. 주변에서는 부러워하는 상황이기에 고통을 표현하기 더 어렵습니다. 죽을 듯한 공황증상을 겪거나, 심한 강박 때문에 괴로워하기도 하죠. 압박감을 이기려고 술이나 약에 의존하기도 합니다. 이런 경우 치료적 도움이 필요합니다.

세 번째는 '사회문화와 잘 조화를 이루는가?'입니다. 모든 사회는 그 사회의 질서를 유지하고 구성원을 보호하기 위한 규범이 있어요. 예를 들어, '성인이 어떤 방법으로든 미성년자를 유혹해 성관계를 맺으면 안 된다.'는 규범은 많은 나라에서 통용되지요. 우리나라도 '음주운전이나 마약을 하는 건 범죄다.'라는 사회적 인식이 있어요. 그런데도 알콜중독이 있는 사람은 술을 마시면 자제력을 잃고 운전대를 잡습니다. '화가 나거나 싸우더라도 폭행은 안 된다.'라는 사회문화가 있지만, 폭력성이 과도한 사람은 상대를 때리거나 보복을 하죠. 물론 무조건 규칙을 완벽하게 지켜야 한다는 말이 아닙니다. 유연함 없이 맹목적으로 규칙을 지키려다 도리어 심리적 어려움을 겪는 경우도 있으니까요. 문화와 규범은 시대에 따라 계속 수정되고 변해 갑니다.

마지막 기준은 '통계적 기준에서 많이 벗어나는가?'입니다. 앞서 일직선 위를 구르는 구슬 얘기를 했었죠. 크게 보면 대부분 사람은 그 선의 중간쯤에서 가장 많이 머뭅니다. 이런 특성은 인간의 여러 영역에서 나타난답니다. 예를 들어, 체중이나 키, 지능도 그렇지요. 그래프를 그리면 평균값에서 위 아래로 30% 정도의 범위에 80%의 사람이 다 들어갑니다. 중간이 볼록하게 솟은 언덕같은 형태라고 할까요, 신기하죠? 그래서 이 범위를 벗어나는 수준의 고통인 경우 치료가 필요하다고 봅니다. 그러나 평균을 벗어난다고 해서 꼭 나쁜 건 아니에요. 지능같은 경우 평균치는 100입니다. 130 정도 되면 평균치를 한참 벗어난 상위 3% 정도지요. 그러나 이걸 병적인 상태로 보는 경우는 없습니다. 이런 특징들도 많답니다.

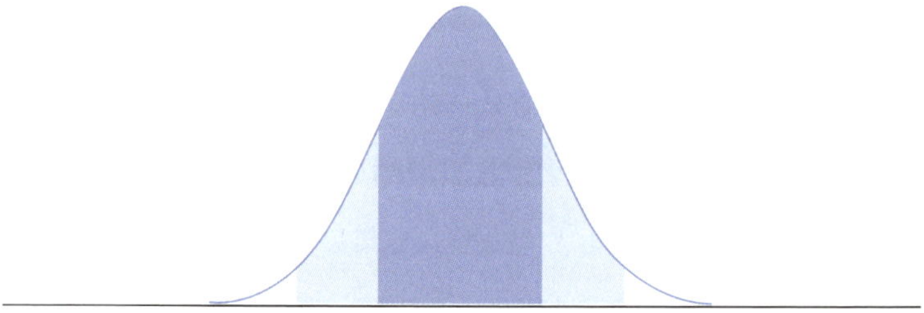

지극히 정상인 사람

우리나라는 참 많은 사람이 정상적인 삶을 살고자 열망하는 나라인 듯해요. 사회적으로 바람직하게 여기는 삶의 모델이 상당히 선명하다는 뜻이지요. 사실 '정상'이라는 단어는 정의하기 매우 애매한 단어입니다. 각자 생각하는 정상의 모습이 다 다르거든요. 성장환경, 교육과 대인관계 등 많은 요소가 그 사람이 생각하는 '정상'의 기준에 영향을 미쳐요. 요즘은 SNS의 영향으로 너무 많은 삶의 모습에 노출되고, 그만큼 기준도 높아지는 듯해요. 대부분 SNS에는 좋은 모습만 올리니까요. 그럼에도 우리는 정상적이고 싶어합니다. 그렇다면 과연 심리적으로 정상적인 상태는 어떤 모습일까요?

현실을 현실 그대로 받아들임이 정상적인 사람의 특징입니다. 이 사람은 자신의 능력이나 외모 등을 과소평가하거나 과대평가하지 않습니다. 있는 그대로 그냥 '자기'로 받아들이죠. 외부 상황에 대해서도 현실적으로 인식합니다. 긍정적인 면과 부정적인 면을 다 이해하죠. 그래서 다른 이의 말이나 행동을 잘 오해하거나 착각하지 않습니다. 자신의 감정이나 행동도 그런 현실에 맞게 인식하고 대처합니다. 초점은 항상 행복하거나 실수가 없는 모습이 아니라, '있는 그대로'에 있습니다. 그래서 이 사람은 비현실적인 목표에 함부로 뛰어들지 않고 동시에 어려운 과제라도 피하지 않습니다.

말과 행동을 조절하는 통제력이 있는 사람이 정상적인 사람입니다. 이 사람은 스스로 말과 행동을 조절할 힘이 있다고 믿습니다. 충동적 행동을 전혀 하지 않는다는 말이 아닙니다. 어느 날 계획 없는 여행을 훌쩍 떠나거나, 새밌는 방송을 보느라 밤을 새기도 하죠. 하지만 이 사람은 폭력적으로 행동하거나, 성적 욕구를 조절 못해 피해를 주지 않습니다. 자신의 말과 행동을 억제할 힘이 있지요.

자존감과 수용감을 가진 사람이 정상적인 사람입니다. 자존감에 대한 오해가 많아 이 단어를 보면 맘이 아픈 사람도 있지요? '자존감'은 '자기애'와는 다릅니다. 자신이 가치 있는 존재임을 스스로 인정한다는 뜻입니다. 이 중심이 있어서 때로는 주변인과 의견이 달라도 자기 소신대로 행동할 힘이 있습니다. 동시에 다른 사람들과 함께 있을 때 편안해 하고 자신이 수용받는 존재라고 느낍니다. 그래서 관계 속에서 자연스럽게 반응합니다.

따뜻하고 친밀한 관계를 맺을 줄 아는 사람이 정상적인 사람입니다. 사람을 만나면 자연스럽게 소통하고, 시간을 들여 가까워질 능력이 있지요. 소위 '인싸'를 말하는 게 아닙니다. 마음을 열고 상대를 알아 가는 관심과 자신을 솔직히 보여 주고 서로 공통 관심사를 나누며 친밀해질 줄 아는 사람을 말합니다. 내향적이든 외향적이든 큰 상관이 없습니다. 기본적으로 상대의 감정을 공감하고 존중할 줄 알죠. 대체로 심한 고통을 겪을 때 사람은 자신의 고통에 압도되기 쉬워요. 그래서 자신도 모르게 고통을 해결할 대상을 찾고, 자기중심적인 상태가 되죠. 이러면 공감능력을 잃고 상대에게 지나치게 요구하기도 합니다. 일시적으로 그런 상태가 되더라도 상대 입장을 헤아리는 공감능력을 잃지 않는 게 중요합니다. 정상적인 사람은 소수라도 따뜻한 우정을 나누고 지속해 갑니다.

생산성을 발휘하는 사람이 정상적인 사람입니다. 돈을 잘 벌거나 직장에서 능력이 뛰어난 사람을 말하지 않습니다. 물론 이런 모습도 생산성의 일부분이긴 합니다. 하지만 행복하고 활력 있게 가정을 돌보고 건강한 음식을 차리는 주부, 꾸준히 아름다운 작품을 창작하는 예술가 등도 모두 생산적인 사람입니다. 학교생활을 성실하게 하는 학생도 마찬가지죠. 기본적으로 자립해 자신의 삶을 꾸려 가는 사람은 대부분 생산적인 삶을 삽니다. 정상적인 사람은 삶에 대한 열정과 꿈이 있습니다. 그 결과 생산성이 드러나죠.

임상심리학의 선물: 심리적 질병의 이름들

앞서 진단이 왜 필요한지 얘기를 했지요. 정확한 진단은 그 사람의 고통을 돕기 위해 꼭 필요합니다. 정말 오랜 역사 동안 정신질환을 겪는 사람은 광인이나 귀신들린 사람, 이상한 사람으로 낙인찍혀 박해당했습니다. 공동체에서 쫓겨나거나, 종교적인 이유들로 불길한 존재로 여겨졌습니다. 반대로 신의 계시를 받는 존재로 추앙받는 경우도 간혹 있었지만 본인의 고통 해결엔 전혀 도움이 되지 않지요. 사회에서 소외당하고 공격당하기 일쑤였고, 중세시대엔 마녀사냥의 희생물이 되어 무수히 처형되었습니다. 참 슬픈 역사지요.

그래서 정신병리학의 발전은 약자를 향한 심리학자들의 따뜻한 관심과 노력의 집결체와 같습니다. 현대에 들어서야 비로소 많은 심리적 질병이 말 그대로 '아픈 것'임이 밝혀지고 이름을 갖게 되었습니다. 그래서 지금 소개할 진단명들은 오늘날을 살아가는 우리가 심리학에게 받은 큰 선물 중 하나입니다. 지금도 노력은 계속되고 있죠.

DSM-5 정신장애 범주

1. 신경발달 장애 - 지적 장애, 의사소통 장애, 자폐 스펙트럼 장애, 주의력 결핍 및 과잉 행동 장애, 특정 학습 장애, 운동 장애	**8. 해리 장애** - 해리성 정체감 장애, 해리성 기억 상실증, 이인증, 비현실감 장애
2. 정신 분열 스펙트럼 장애 - 망상 장애, 단기 정신증적 장애, 정신 분열형 장애, 조현병, 분열 정동 장애	**9. 신체 증상 및 관련 장애** - 신체화 장애, 질병 불안 장애, 전환 장애, 허위성 장애
3. 양극성 및 관련 장애 - 제1, 2형 양극성 장애, 순환성 장애	**10. 급식 및 섭식 장애** - 이식증, 반추 장애, 회피적, 제한적 음식 섭취 장애, 신경증 식욕 부진증(거식증), 신경성 폭식증, 폭식 장애
4. 우울 장애 - 파괴적 기분 조절 곤란 장애, 주요 우울 장애, 지속성 우울 장애, 월경 전 불쾌 장애	**11. 배설 장애** - 유뇨증, 유분증
5. 불안장애 - 분리 불안 장애, 선택적 함구증, 특정 공포증, 사회 불안 장애, 공황 장애, 광장 공포증, 범불안 장애	**12. 수면-각성 장애** - 불면 장애, 과다 수면 장애, 수면 발작증, 호흡 관련 수면 장애, 일주기 리듬 수면-각성 장애, 수면 이상증
6. 강박 및 관련 장애 - 강박 장애, 신체 변형 장애, 저장 장애, 발모벽, 피부 벗기기 장애	**13. 성 기능 장애** - 남성 성 기능 장애, 여성 성 기능 장애
7. 외상 및 스트레스 사건 관련 장애 - 반응성 애착 장애, 탈억제 사회 관여 장애, 외상 후 스트레스 장애, 급성 스트레스 장애, 적응 장애	**14. 성 불편증** - 성 정체감 장애

15. 파괴적, 충동 통제 및 품행 장애 - 적대적 반항 장애, 간헐적 폭발성 장애, 품행 장애, 방화벽, 도벽 **16. 물질 관련 및 중독 장애** - 알코올 관련 장애, 니코틴 관련 장애, 카페인 관련 장애, 칸나비스 관련 장애, 환각제 관련 장애, 흡입제 관련 장애, 아편류 관련 장애, 진정제, 수면제, 항불안제 관련 장애, 자극제 관련 장애, 비물질 관련 장애: 도박 장애 **17. 신경 인지 장애** - 섬망, 주요 및 경도 신경 인지 장애	**18. 성격 장애** - A군 성격 장애: 편집성 성격 장애, 분열성 성격 장애, 분열형 성격 장애 - B군 성격 장애: 반사회성 성격 장애, 경계선 성격 장애, 연극성 성격 장애, 자기애성 성격 장애 - C군 성격 장애: 회피성 성격 장애, 의존성 성격 장애, 강박성 성격 장애 **19. 성 도착 장애** - 관음 장애, 노출 장애, 접촉 마찰 장애, 성적 피학 장애, 성적 가학 장애, 아동 성애 장애, 물품 음란 장애, 의상 전환 장애, 기타 성 도착 장애 **20. 기타 정신 장애**

여러분이 이 진단명을 다 알 필요는 없습니다. '이렇게 다양한 심리적 아픔이 있구나.' 정도로만 이해해도 충분합니다. 그리고 '정확한 진단'에는 복잡하고 어려운 과정이 필요해요. 정신과 의사나 임상심리사 같은 '전문가도 주의 깊은 면담과 여러 심리검사를 중복해 실시'합니다. 그 결과도 바로 단정하지 않고 '가설'로 놓고 내담자를 만나며 정말 그런지 '꾸준히 점검하고 수정'합니다. 그러니 여러분이 보는 인상으로 상대가 어떤 병인지 아는 일은 거의 불가능하겠죠? 만일 여러분에게 고통이 있을 때, 그 고통을 이렇게 세심하게 다뤄 준다면 훨씬 안심될 거예요.

***진로 톡톡! 상담 & 임상심리학이 필요한 분야와 직업**

상담 & 임상심리학을 전공하면 어떤 일을 할 수 있을까요? 심리학 안에서도 가장 오래된 직업군에 속하는 이 직업들은 심리적 고통을 치료하는 일에 오랫동안 힘써 왔어요. 여러분에게도 가장 잘 알려진 직업일 듯해요. 앞으로 심리학을 더 깊이 살펴볼 때 새로운 직업을 많이 만날 거예요. 지금은 대표적인 직업 분야를 소개해 볼게요.

정신과 의사 - 의사가 되려면 먼저 공통적인 수련을 받고 몸에 대한 기본 의학지식을 터득해야 합니다. 그 상태에서 세부전공으로 정신과를 택하면 정신과 의사가 되죠. 정신과 의사는 매우 어려운 정신병리학이라는 과목을 익혀요. 그래서 복잡한 정신질환을 정확히 진단하고 약물을 처방할 수 있지요. 심리치료 훈련을 전문적으로 받는 의사도 늘어나는 추세입니다. 오늘날 심리치료에서는 상담 심리학의 빼놓지 못할 협력자이지요.

임상심리사 - 한국 정신과 의사는 지금 평균적으로 7분에 한 명 꼴로 진료를 합니다. 어렵게 시간을 빼서 심리치료를 하는 선생님도 있지만, 대부분 아주 간단한 면담과 약물처방만 가능한 게 현실이죠. 그래서 병원에서 심리검사를 실시해 정확한 진단을 돕고, 심리치료를 하고자 처음 출발한 직업이 임상심리사입니다. 다양한 검사 개발과 연구도 빼놓지 못할 역할이죠. 지금은 병원과 독립적으로 심리치료를 하는 사람도 많아요. 기본적으로 심리상담사보다 진단을 더 잘하고, 질병에 적합한 전략적 개입을 선택합니다. 각 대학의 임상심리학과를 전공하고 병원실습 기간을 거쳐 자격시험에 응시합니다.

정신보건 간호사 및 사회복지사 - '정신병동에도 아침이 와요'라는 드라마를 본 적 있나요? 심리학에 관심 있다면, 한 번 찾아보는 걸 추천해요. 여기엔 일반적으로 알기 어려운 정신병동의 모습이 잘 나옵니다. 몸을 치료하는 환자와는 다른 돌봄이 필요한 이 병동의 입원환자를 돌보는 일을 하는 간호사가 바로 정신보건 간호사입니다. 신체장애처럼 정신에도 장애가 발생해요. 그런 분들을 보호, 수용, 재활하는 시설에 근무하기도 합니다. 마찬가지로 이런 분들을 돕는 사회복지사도 있습니다. 둘 다 정신병리학에 대한 기본지식을 갖추고 자격시험을 통해 선발됩니다.

심리상담사 - 상담심리학을 전공하고 수년의 수련 기간을 거쳐 시험을 치고, 심리상담사 자격을 받으면 각종 상담기관에서 일하게 됩니다. 국가 자격과 한국상담심리학회, 한국상담학회가 현재 가장 규모가 크고 엄격한 수련 과정과 시험을 거쳐 자격을 줍니다. 심리상담사는 한 걸음 더 들어가면 무수한 세부 전문 분야가 있어요. 치료 이론에 따라서도 상담사의 역할이 조금씩 다르죠. 그래서 세부 전문 분야 자격도 따로 존재합니다. 구체적인 건 앞으로 기회가 되면 다루겠습니다.

심리학의 탄생과 성장 이야기: 어떻게 시작됐을까?

모든 학문의 시작이 철학이라는 사실을 알고 있나요? 시험기간마다 여러분을 골치 아프게 하는 수학, 물리학, 생물학도 원래는 철학에서 시작되었답니다. 과거에는 '철학'이 '모든 지혜를 탐구하는 학문'이라는 뜻이었어요. 쉽게 말하자면 고대에는 공부할 과목이 철학 한 과목뿐이었지요.

철학을 공부하며 히포크라테스(Hippocrates, B.C. 460(?) ~ B.C. 377(?), 의학의 아버지라 불림.)는 뇌가 몸의 각 기관을 어떻게 조절하는지 처음으로 연구했습니다. 플라톤(Platōn, B.C. 427 ~ B.C. 347)은 영혼과 육체를 구분하고, 영혼이 육체에 잠시 머물러 있는 동안 인간은 생명과 마음을 지닌다고 보았죠. 이렇듯 심리학은 고대부터 중요한 연구주제였습니다.

심리학의 영단어인 'psychology'는 그리스어로 '마음', '영혼'을 의미하는 'psyche'와 '학문', '이성'을 뜻하는 'logos'를 합쳐 만든 말이에요. 인간의 마음이 어떻게 생기며, 어디에 있는지, 육체와는 어떤 관계인지 설명하고자 철학자들은 끊임없이 노력했습니다. 히포크라테스, 소크라테스, 플라톤, 아리스토텔레스, 아우구스티누스, 데카르트, 로크, 스피노자 등 심리학을 연구한 철학자를 열거하자면 끝이 없을 정도죠. 고대 그리스부터 중세를 지나 근대에 이르기까지 심리학은 철학 속에서 오랜 유년기를 보냅니다.

중세의 황혼기에 태동한 과학

그럼 심리학은 언제 철학을 벗어나 과학이 된 걸까요? 그 변화를 이해하려면 먼저 '신의 시대' 즉, 중세를 좀 들여다보아야 한답니다. 오랜 중세시대 동안 사람들은 '신'을 섬기며 살았습니다. 신은 보이지도, 만져지지도 않고 다 이해하거나 분석할 수도 없는 초월적 존재죠. 신의 권위를 부여받은 교황에겐 각 나라의 왕들조차 순종해야 했습니다.

물론 신과 종교가 나쁜 것은 아닙니다. 유명한 심리학자인 융이 평생에 걸쳐 연구했을 만큼 영성과 종교심은 인간의 마음속에서도 깊고 심오한 영역입니다. 영적 세계를 깊이 추구한 중세 역사도 인류에게 소중한 유산을 남겼고 큰 의미가 있어요. 다만, 그 시대의 인간은 신의 계획에 순종하고, 신이 계시해 준 진리를 이해하고 받아들여야 하는 위치였죠. 스스로 인체와 세상을 마음껏 연구하고 탐험하는 자유는 제한될 수밖에 없었습니다. 예를 들어, 당시 서양은 성경을 바탕으로 세상을 이해했어요. 그래서 지구가 세계의 중심이고, 태양과 달, 별들이 지구 주위를 돈다는 '천동설'이 일반적이었지요. 우주딤힘의 시대를 사는 여러분에겐 허무맹랑한 얘기죠? 하지만 당시엔 대부분 그렇게 배우고 믿었답니다.

그때나 지금이나 변함없는 사실이 하나 있어요. 역사는 계속 움직이고, 인간의 탐구심도 결코 멈추지 않는다는 거죠. 신부이자 천문학자였던 코페르니쿠스(Nicolaus Copernicus, 1473 ~ 1543)가 어느 날 지동설[1]을 주장하는 책을 펴냅니다. 성직자인 신부님이 지동설을 주장

1 태양은 우주의 중심에 정지해 있고, 지구는 그 주위를 회전하는 하나의 행성이

하다니! 놀랍죠? 당시엔 여러 좋은 책을 접하고 연구에 집중할 기회가 성직자에게 많았답니다. 인쇄술이 발달하기 전까지 책은 손으로 하나하나 써서 옮겨야 했기 때문에 매우 귀했어요. 그 필사를 담당하고 귀중한 자료를 보관하는 일을 주로 수도원이나 교회의 성직자들이 맡았습니다. 당시의 성직자는 신학을 비롯한 여러 학문을 공부한 지성인이었고, 새로운 학문을 연구하는 학자도 많았어요.

코페르니쿠스는 신부가 된 20대 초반부터 천문학에 관심이 깊어 몇십 년간 꾸준히 연구했습니다. 그리고 평생에 걸친 연구를 정리해 <천체의 회전에 관하여>라는 책을 썼어요. 바로 지동설을 주장한 혁명적인 책이었죠. 그러나 코페르니쿠스의 진실한 주장도 천동설에 대한 강력한 믿음을 흔들지 못했습니다. 사회를 이끌어 가는 종교의 권위가 그만큼 막강했기 때문입니다.

코페르니쿠스가 죽은 후 약 70년이 흘렀습니다. 그때 갈릴레오 갈릴레이(Galileo Galilei, 1564. 2. 15. ~ 1642. 1. 8.)가 등장합니다. 갈릴레오는 달의 변화와 행성의 움직임, 밀물과 썰물의 변화 등을 관찰하며 드디어 지동설의 확실한 증거를 발견했습니다. 세상의 중심은 지구가 아닌 태양이고, 지구도 다른 별과 함께 태양 주위를 돈다는 사실을 증명했죠. 말 그대로 세상이 뒤집힐 만한 사건이었습니다.

갈릴레오는 분명한 증거가 있으니, 새로운 진실을 사회가 받아들여 주리라 믿었습니다. 그러나 그는 종교재판에 불려가서 지동설을 평생 다시 주장하지 않겠다는 맹세를 하고서야 풀려나게 돼요. 여전히 진실보다 종교의 힘이 더 강했죠. 이 시대의 갑갑함을 많은 과학자들이 느꼈기 때문인지, 갈릴레오가 재판 후 나오면서 "그래도 지

라는 가설이에요. 천동설과 반대되는 개념이죠.

구는 돈다."고 말했다는 얘기가 오랫동안 떠돌기도 했어요.

당시 신학의 틀로 명백한 과학적 사실까지 억압하다니, 뭔가 잘못됐다는 느낌이 들죠? 맞아요, 너무 많은 권력과 돈이 집중된 교황청이 부패하기 시작했습니다. 겉으로는 '신의 뜻'을 내세우지만, 자기 이익을 추구하기 바빴던 당시 지도자들은 이미 순수한 신앙과는 아주 멀어져 있었죠. 급기야 11세기 말부터 200년 동안 이어진 십자군 전쟁이 실패로 돌아가자 중세시대도 저물기 시작했어요.

동시에 억압받던 과학과 기술이 빠르게 발전했습니다. 신학적 틀을 벗어나 인간의 몸과 마음을 탐구하려는 움직임이 일어났고, 철학, 생물학, 물리학, 의학 등이 날개 돋힌 듯 영역을 넓혔어요. 비로소 심리학이 기지개를 펴고 독립을 준비할 때가 되었지요.

'신의 뜻'이 지도자에 따라 얼마나 주관적으로 달라지는지 긴 중세 동안 사람들은 지긋지긋하게 경험했어요. 그래서 근대가 시작되자 누가 보아도 명확한 증거와 객관적 사실을 알고자 했죠. 실험과 증명의 시대, 바로 과학의 시대가 열렸습니다.

심리학, 과학이 되다

'과학'은 변하지 않는 진실을 발견하고, 보편타당한 진실을 체계적으로 증명하는 데 힘을 쏟았어요. 그래서 누가 반복해도 같은 결과가 나오는 실험이나, 누구나 납득할 만한 논리적이고 체계적인 설명방식을 중요시했죠. 오늘날 '과학'은 증명된 진실을 알려 줍니다. '과학적이다'라는 말은 '믿을 만한 사실이다'라는 뜻을 내포하죠.

현대 연구자와 우리 사회는 앞선 연구 결과가 정직하다고 믿어요. 과학은 바로 이 신뢰를 바탕으로 발전합니다. 그럼 왜 '과학'은 믿어도 될까요? 바로 연구 방법이 '과학적'이기 때문입니다. 증명하고 설명하는 과정을 투명하게 공개하고, 객관적[2] 사실을 밝히기 때문이지요. 과학인가 과학이 아닌가는 바로 '연구 방법이 과학적인가'로 정해집니다.

예를 들어 볼까요? 여러분은 아마도 다양한 심리검사를 접해 보았을 거예요. 인터넷에서 쉽게 해 본 유행하는 검사, 학교에서 전교생이 받는 검사도 있죠. 또 상담센터나 병원에서 비싼 돈을 내고 받는 검사도 있어요. 심리검사는 정말 종류가 많답니다. 어떤 검사는 과학적으로 개발하고 수없이 검증해 가며 사용해요. 이런 검사는 심리학자가 '신뢰할 만한 검사'라고 인정합니다. 그래서 저작권도 있고, 전문적 환경에서 사람의 상태를 정확히 이해하고자 씁니다. MMPI, 웩슬러 지능검사, 로샤검사 등 다양하죠.

혈액형 심리학처럼 전혀 과학적이지 않은 것도 있습니다. 개발과

2 객관성은 다른 사람이나 연구자 본인의 주관적 판단에 휘둘리지 않고 사회의 보편적인 기준으로 하는 판단을 의미해요.

연구가 과학적 방법으로 이뤄지지 않았고, 검증도 못하기 때문이에요. 별자리 유형, 타로 심리학, 혈액형 심리학, 사주 심리학 같은 이론은 과학적 검증이 불가능합니다. 심리학자들은 이런 이론을 심리학 흉내를 내는 이론, 즉 '유사심리학'이라고 불러요.

과학적 연구 방법은 끝없이 실험하고 증명하며, 다시 검증합니다. 아직 모호하다면, 구체적으로 실험 하나만 설계해 볼까요? '카페인은 수면을 방해한다.'는 말은 이제 상식이죠. 하지만 이 상식을 '참이다'라고 얘기하려면 좀 복잡해집니다. 정확하고 객관적인 실험을 설계해서 증명해야 하거든요. 먼저 '카페인을 먹은 사람은 잠이 들 때까지 더 많은 시간이 걸릴 것이다.'라는 '가설'을 세우고 그걸 증명할 '대조군', '실험군'을 만들어요. '대조군'은 실험 결과가 정말 참인지 판단하려고 비교하는 집단이에요. 지금은 '카페인을 전혀 먹지 않고 다른 생활조건은 똑같은 사람들의 집단'이 되겠죠. '실험군'은 가설을 증명하려고 조건을 조작해 변화를 알아보는 집단이에요. 지금은 '하루에 커피 두 잔 이상 마신 다른 생활조건은 똑같은 사람들의 집단'이면 돼요.

여전히 윤리가 중요해!

과학은 순수한 진실을 알아내려고 발전에 발전을 거듭했어요. 우리는 과학적 연구가 정직하고 정확하게 진행된다고 믿지요. 과학은 앞서 존재하는 지식 위에 새로운 지식을 쌓아 올리는 방식으로 발전해요. 그래서 새로운 과학자는 이전 연구가 신중하고 진실한 방법으로 정확하게 이뤄졌다고 믿고 그 결과를 토대로 새로운 실험을 합니다.

이런 특성 때문에 과학에는 '윤리'가 정말로 중요해요. 철학을 벗어난 대 과학의 시대에 윤리라니 의외인가요? 그러나 길지 않은 과학의 역사 속에 연구 윤리의 절실함은 수없이 확인되었어요. 예를 들어 볼까요? 미국의 '테라노스(Theranos) 사건'을 아나요? 테라노스는 엘리자베스 홈즈라는 여성이 세운 회사입니다. 그녀는 피 몇방울로 250여 가지 질병을 알아내는 혁신적인 진단키트를 만들었다고 발표했어요. 여러분도 코로나 시기 동안 내가 감염되었는지 확인하는 자가 진단 키트를 보았죠? 콧속을 면봉으로 깊이 찔러야 했던 그거요. 바로 그런 키트라고 생각하면 돼요.

홈즈는 '에디슨'이라는 그 키트를 약국에서 구입해 손끝을 찔러 피 몇 방울을 키트에 담아 보내기만 하면 된다고 했어요. 그러면 회사에서 검사 결과를 분석해 250가지 이상의 질병을 한 번에 확인할 수 있다고 했죠. 이전엔 큰 병원에 가서 피를 많이 뽑고 여러 검사실을 돌며 검사를 받아야 했던 내 몸 상태를 에디슨 하나가 간단히 알려준다니! 그 말이 맞다면 엄청난 의료적 혁신이었어요. 비싼 검사비를 내기 힘든 사람이나 병원이 거의 없는 곳에 사는 사람에게도 희소식이죠. 그녀는 사회적 영웅이 되었고, 엄청난 부와 명성을 얻었습니다. 그러나 홈즈는 "극비 기술을 외부로 유출시킬 수 없다."는 이유로 효과성을 검증하는 논문을 하나도 발표하지 않았어요.

2015년 폭로된 기사에 따르면 에디슨이 실제로 진단해 내는 병은 십여 개에 불과했어요. 그런데 회사가 발표한 에디슨의 검사 결과에는 정말 200여 종의 질병이 감별되어 있거든요. 어떻게 된 일일까요? 사실은 이래요. 환자가 에디슨에 피를 담아 회사에 보냅니다. 그럼 연구소에서 다른 회사의 진단기기를 사 놓고 몰래 추가로 검사한 거죠. 만일 에디슨의 실험 결과를 그대로 믿고 다른 연구자들이 연구를 진행했다면 어떤 일이 생겼을까요? 병원이 없는 난민캠프에 에디슨을 활용하는 사업을 진행 했다면 어떻게 되었을까요? 얼마나 크나큰 의학적 오류와 피해가 발생했을지 가늠이 안 됩니다.

그래서 현대 과학자는 연구에 대한 신뢰성을 유지할 의무, 자신의 연구 및 행동에 책임질 의무, 사회에 기여하는 행동을 할 의무를 갖게 됩니다.[1] 미국의 의학, 공학, 사회과학을 비롯한 모든 과학분야를 아우르는 자문기구인 한림원(National Academies)은 이런 윤리적 의무를 확인하고 관리하죠.

공감능력이 방해하지 않도록, 이중 맹검법

과학자는 실험을 설계할 때 원하는 결과가 나오길 간절히 바라겠죠? 실험 참가자도 그 마음을 느낀답니다. 인간은 말하지 않아도 짧은 순간에 표정, 눈빛, 목소리의 톤이나 작은 몸짓, 심지어 숨소리로 많은 소통을 하는 놀라운 존재거든요. 이런 비언어 소통은 자동적이고 무의식적으로 일어나요. 공감능력의 핵심인 뇌의 거울뉴런 때문인데, 자세한 이야기는 좀 더 뒤에 하기로 해요. 거울이 무조건 앞의 대상을 비추듯, 연구자의 소망도 실험 참가자의 거울뉴런에 비춰요. 그리고 참가자는 그 소망을 이뤄 주고 싶어집니다.

수없이 시행착오를 겪으며 과학은 실험 설계자가 원하는 방향으로 결과가 조작되지 않도록 예방하는 장치를 개발했어요. 일부러 결과를 조작할 수도 있지만, 대부분 연구자의 무의식적 소망이나 영향력 때문에 결과의 정확도가 낮아진답니다. 특히, 연구 대상이 '사람'

인 실험은 더욱 그랬죠. 이런 현상을 발견하고 실험의 정확도를 높이고자 과학자들은 여러 방면으로 노력했어요.

'위약 효과'를 예방할 방법도 고안했죠. 위약 효과는 '플라시보 효과'라고도 해요. 들어 본 말이지요? 밀가루로 만든 가짜 약을 먹고도 약을 먹었으니 나을 거라는 믿음 때문에 실제로 증상이 좋아지는 식의 심리적 효과를 말해요. 사람은 마음과 몸, 환경이 복잡하게 상호작용하는 존재랍니다. 그래서 다양한 이유로 상태가 변해요. 가끔 아기를 구하려고 초인적인 힘으로 달려오는 차를 밀어낸 엄마 기사나 불치병에 걸렸다가 산에서 생활하며 완치된 사람 기사가 나오는 이유도 이 때문이지요.

노력의 결과 과학자는 실험 진행자와 참여자 모두 어느 쪽이 실험군, 대조군인지 모르게 실험을 설계해요. 앞서 우리가 설계했던 실험으로 잠시 돌아가 볼까요? 실험군에는 '진짜 커피'를, 대조군에는 '카페인이 없는 커피맛 음료'를 주기로 합시다. 이때 음료를 준비하는 팀과 나눠 주는 팀을 분리해요. 음료를 준비하는 사람이 방 안에 음료를 두고서 나오면, 나눠 주는 사람이 들어가 각 집단에 음료를 전달합니다. 그럼 나눠 주는 사람도 진짜 커피가 어느 쪽인지 모르죠. 이런 방법을 '이중 맹검법'이라고 해요.

머리 아프다고요? 그럴 만해요, 순수한 진실을 알아내려는 과학의 노력은 집요하니까요. 심지어 비슷한 실험을 수없이 반복해 통계를 낸답니다. 그래서 심리학 실험과 통계는 떼려야 뗄 수 없는 관계지요. 이렇게 복잡한 과학적 절차를 거쳐 하나의 사실을 '밝히고' '증명'한답니다. 이것을 학술지에 발표하면, 다른 사람이 반론을 제기하거나 다시 검증해 보기도 하죠. 남들이 똑같은 방식으로 다시 실험해도 비슷한 결과가 나와야 '과학적 사실'이라고 해요. 오늘날 심리학도 이렇게 복잡하고 엄격한 방법으로 연구한답니다.

인간, 진화하는 생물이 되다

생물학과 의학의 발전은 심리학이 독립하는 데 결정적인 역할을 했습니다. 긴 중세 동안 사람을 해부하거나 연구하는 일은 금기였어요. '하나님의 형상'이라는 이유로 신성하게 다뤄야 했거든요. 당연히 의술의 발전은 더뎠습니다. 인간은 세상을 정복하고 번성하라는 축복을 받은 '만물의 영장'이었지만, 재해와 전염병, 질병 앞에서 속수무책이었죠.

그런데 한 사람의 등장을 계기로 인체를 연구하는 시대가 열렸습니다. 이런 놀라운 인식 변화를 가져온 인물은 바로 찰스 다윈(Charles Robert Darwin, 1809. 2. 12. ~ 1882. 4. 19.)입니다.

어릴 때부터 다른 생물에 관심이 많았던 다윈은 22살에 비글호라는 해군선을 타고 5년간 세계를 탐험했습니다. 남아메리카와 남태평양에서 그가 보고, 듣고, 모은 자료들은 진화론의 토대가 되었죠. 특히 갈리피고스 제도의 생물은 다윈에게 세상을 바꿀 영감을 줍니다. 같은 종인 핀치새의 부리가 갈라파고스의 섬마다 다르게 생겼던 거죠. 이 사실을 알게 된 다윈은 자연선택설을 떠올렸습니다. 환경에 적응하기 유리한 형태로 부리가 진화한 핀치새만이 살아남아 그 섬에 적응했구나! 깨달았죠.

다윈은 핀치새라는 한 조상에서 각 섬의 환경에 따라 여러 형태의 부리를 가진 핀지새가 갈라져 나왔다고 생각했어요. 그리고 다른 생물에 대해서도 이 놀라운 연구를 꾸준히 이어 갔습니다. 다윈이 연구한 생물은 연락용으로 사육하던 비둘기에서부터 따개비, 지렁이, 식물에 이르기까지 다양해요. 이렇게 20년간 연구한 결과를 집대성해 <종의 기원>이라는 책을 씁니다. 이 책은 출판된 당일 초판이 다 팔려 버릴 정도로 반응이 강력했습니다.

<종의 기원>은 과학계뿐 아니라 사회, 철학, 예술, 종교계 전체에 혁명적인 전환점이 되었어요. 다윈은 세계관의 변혁을 일으켰고, 생명체와 인간에 대해 완전히 새로운 시각을 열었습니다. 처음으로 인간이 만물의 영장 위치에서 내려와, 다른 모든 생물과 같은 한 종의 자리에 서게 되었죠.

역설적이게도, 인간 위상의 추락은 인간을 많은 고통에서 구해 주었습니다. 다윈 이후로 동물 실험과 더불어 인체 연구도 활발해졌어요. 이 시기부터 의학과 생리학은 눈부시게 발전했습니다. 질병의 원인을 밝히고 예방법과 치료법을 개발했죠. 연구자들은 질병을 연구하며 위생의 중요성을 알게 되었고, 사람들에게 위생을 지키는 건강한 생활방식을 교육했습니다. 이런 노력의 결과 사망률이 획기적으로 낮아지고 평균 수명이 높아졌어요.

인간 연구의 길이 열리자 과거 어느 시대보다 인간을 깊이 들여다보기 시작했습니다. 점차 연구자들은 몸과 마음이 밀접하게 연결되어 서로 영향을 주고받음을 확인했어요. 심리적 스트레스가 심하고 오래 지속될 때 위염이나 두통 등 다양한 신체 증상이 나타나고, 더 심한 병이 들기도 한다는 사실을 알게 되었죠. 그러면서 보이지 않는 '마음'도 과학적 방법으로 증명하고, 연구하려는 시도가 나타났습니다.

페흐너(Fechner, Gustav Theodor, 1801 ~ 1887)는 마음과 몸의 관계를 과학적으로 증명하는 데 관심을 기울인 대표적 인물이에요. 그는 '물은 섭씨 100도에서 끓는다'는 법칙처럼, 몸과 마음의 관계도 법칙으로 증명하려고 노력했어요. 우리 몸이 받는 물리적 자극의 강도와 그것을 느끼는 심리적 감각 사이의 관계를 측정해 보고 싶어 했죠.

혹시 눈을 가린 채 이쑤시게 두 개로 손바닥을 자극하는 실험을 해 본 적 있나요? 처음엔 두 개를 딱 붙여서 누르다가, 두 이쑤시게의 간격을 점점 넓혀 보면 처음엔 하나로 느끼던 자극을 '두 개구나'라고 인식하는 순간이 있어요. 신기하죠?

허벅지, 등, 손가락처럼 여러 부위에 실험해 보면 두 개로 느껴지는 순간의 이쑤시게 간격이 다 다르답니다. 이런 식으로 우리 몸의 자극을 마음이 어떻게 인식하고 구분하는지 페흐너는 객관적으로 측정해 보려고 했답니다. 페흐너의 연구 덕분에 마음을 실험하고 연구할 수 있다는 인식이 과학계에 일어납니다. 드디어 심리학이 독립할 기초가 놓인 거죠.

심리학 독립하다!

생리학 실험실에서 힘을 키우던 심리학이 드디어 독립하는 날이 왔습니다. 바로 '심리학의 아버지'라 불리는 분트(Wilhelm Wundt, 1832 ~ 1920)가 심리학 실험실을 세운 날이죠. 이 날을 기점으로 심리학은 독립된 과학적 학문 분야가 됩니다. 그래서 분트가 실험실을 연 1879년을 현대 심리학이 탄생한 해로 보기도 합니다. 분트는 의학을 전공하고 생리학 연구법을 배웠어요. 하이델베르크 대학에서

‘생리심리학’을 가르치기도 했죠. 이후 라이프치히 대학 교수로 있으면서 ‘마음’을 과학적으로 연구하고 증명해 보자 결심합니다. 순수하게 ‘마음’만 연구하는 실험실을 최초로 만든 거예요.

분트가 실험실을 열고 연구를 시작한 무렵, 과학계에는 놀라운 발견이 있었습니다. 바로 물질의 기본 구성 단위가 무엇인지 밝혀진 거죠. ‘분자’와 ‘원자’를 들어 보았죠? 어떤 물질의 특성을 가진 가장 작은 단위를 ‘분자’라고 합니다. 예를 들어 흐르는 물도, 우리 몸의 세포도, 나무나 강철도 현미경으로 계속 확대해 관찰하면 분자라는 가장 작은 알갱이가 모여 만들어져 있다는 말이죠. 물방울을 계속 점점 더 작게 만들다 보면, 결국 물분자 한 개가 된다고 생각하면 돼요. 물 분자는 눈에 보이지 않을 만큼 작지만, ‘물’의 성질을 그대로 가지고 있습니다.

과학자들은 처음엔 분자가 가장 작은 단위라고 생각했어요. 이 분자가 더 쪼개지는지, 무엇으로 구성되었는지 알아내려고 힘쓰고 있었죠. 그러다 분자를 쪼갤 수 있다는 사실과, '원자'가 모여 분자를 이룬다는 사실을 마침내 알아냈습니다. 이 발견은 당시 과학계에 혁신적인 성과였어요. 만물이 무엇으로 이뤄져 있는지, 그 원리와 본질을 알아냈다는 기쁨에 과학자들은 의욕에 가득찼습니다.

당시 과학계의 분위기를 분트도 고스란히 느꼈습니다. 물질세계의 구성 성분이 밝혀진 것처럼, 인간 마음을 쪼개어 어떻게 구성돼 있는지 밝히고 작동 원리를 증명해 보자 마음 먹었죠. 그래서 분트는 마음의 구성요소가 무엇인지 정확하게 구분하고 정의하는 연구에 집중했어요. 마치 시계가 어떻게 돌아가는지 알아보려고 분해해 부품과 구조를 하나하나 살피듯 말이죠.

이런 접근을 '구성주의' 심리학이라고 부릅니다. 분트는 실험실에서 체계적으로 단계를 나눈 자극을 사람이 어떻게 다르게 인식하는지 말하게 해서 그 내용을 분석했어요. 예를 들면 밝기를 다르게 한 조명을 비추고 어떻게 느끼는지 보고하는 식이죠. 구성주의는 사람의 생각, 느낌, 욕구, 감각 등을 정확히 구분하고 분석하려고 노력했어요. 정확한 보고를 얻으려고 사람들에게 철저한 보고법 훈련도 시켰습니다. 이런 구성주의 심리학의 연구법을 '내성법'이라고 합니다.

분트의 심리학 연구에 대한 열정은 대단했어요. 최초로 심리학 박사 학위 과정을 만들어 많은 제자를 양성하기도 했습니다. 세계 곳곳에서 분트에게 배우려는 학생들이 찾아왔죠. 티치너(Edward Bradford Titchener, 1867 ~ 1927)는 분트의 연구에 매료되어 영국에서 독일까지 유학을 가 분트의 제자가 됩니다. 구성주의는 분트와 티치너 두 사람이 만들었다 해도 과언이 아닐 만큼 티치너는 분트의 연구에 열성적이었습니다. 학위를 받은 후 티치너는 영국의 옥스퍼드 대학에 잠시 머물다 미국의 코넬 대학으로 건너가 심리학 실험실을 세웁니다. 결과적으로 미국에 심리학이 뿌리 내리는 데 크게 기여하죠.

눈부신 발전의 역사, 시작합니다

심리학을 과학으로 재탄생시킨 분트의 구성주의도 한계가 있었어요. 아무리 철저히 내성법 훈련을 받은 사람도 빠르고 복잡한 경험에 대해선 보고 내용이 재각각이었거든요. 철저히 '분석'에 집중한 구성주의의 성격을 비판하는 사람도 나타났습니다. 하버드 대학 교수였던 제임스(William james, 1842 ~ 1910)였죠. 제임스는 마음의 구성을 알아내는 일은 별로 중요하지 않다고 생각했습니다. 왜냐하면 '마음의 쓰임새'를 연구하는 일이 훨씬 중요하다고 보았거든요.

제임스는 마음이 정해진 모양의 조각들을 맞춰 완성하는 퍼즐이 아니라, 흐르는 강물처럼 유동적이라고 생각했어요. 사람이 생존하고 환경에 적응하도록 마음은 상황에 맞게 욕구나 행동, 감정을 떠올린다는 거죠. 예를 들어 배가 고프면 마음은 음식을 먹고 싶다는 욕구를 일으킵니다. 그리고 먹을 게 없는지 찾아보게 하죠. 전에 좋아하는 불고기를 먹고 흡족했던 기억을 떠올리기도 합니다. 그럼 다시 맛있는 음식을 먹고 싶어 사러 나가거나 요리를 하게 되죠. 제임스는 이런 마음의 기능이 물 흐르듯 자연스럽게 일어난다고 주장했습니다.

제임스는 정말 사람을 이해하려면 마음이 어떤 식으로 기능하는가를 이해해야 한다고 했죠. 다윈이 주장한 '적자생존' 원리처럼 사람이 생존하고 환경에 적응하도록 마음이 어떻게 일하는가를 이해하는 일이 진정한 심리학 연구라고 주장했습니다. 제임스가 12년간 심혈을 기울여 쓴 <심리학 원리>에 이런 개념이 고스란히 담겼습니다. 이 책은 제임스에게 심리학의 대가이자 '미국 심리학의 아버지'라는 칭호를 주었습니다. 그만큼 제임스의 생각은 당시 심리학 연구의 패러다임을 바꾸는 큰 전환이었어요.

마음의 쓰임새, 즉 기능을 이해하고자 한 제임스의 접근을 '기능주의'라고 부릅니다. 유명한 교육철학자 존 듀이(John Dewey, 1859 ~ 1952)는 제임스의 이론에 깊은 영향을 받았고, 이후 실용주의 철학을 주창하죠. 제임스는 다윈의 진화론을 진지하게 숙고했어요. 변화무쌍한 환경에 적응하고 생존을 넘어 발전을 이뤄 내는 마음의 능력을 탐구하고자 했죠.

분트와 제임스는 과학적 심리학의 문을 열어젖혔습니다. 그러나 심리학 발전의 역사는 이제 첫발을 뗀 수준이었습니다. 왜냐하면 분트와 제임스 모두 넓디넓은 마음의 영역 중에서 사람이 알아차리는 부분, 즉 의식만을 연구했기 때문이죠. 캄캄한 연극무대에 핀 조명을 비추면 동그랗게 밝아진 부분만 보이지요? 배우들은 그 빛 안에서 연기하며 이야기를 이어 갑니다.

캄캄한 부분에선 전체 연극이 진행되고 있습니다. 그 캄캄한 곳에서 다른 배우와 스태프가 움직이며 의상을 갈아입고 배경을 바꾸고 소품을 옮깁니다. 의식은 조명이 비추는 부분이라고 보면 돼요. 전체적으로 움직이고 변화하는 마음 중에 지금 인식의 빛이 비추는 영역이죠. 즉, 의식만을 연구해서는 마음을 정말로 이해하기 어렵습니다.

심리학의 발전 이야기:
더 전체적으로, 더 깊이, 더 구체적으로

우리의 의식과 경험이 마음의 전부라고 생각했던 기존의 심리학 연구를 비판하는 새로운 움직임이 일어납니다. 바로 형태주의, 행동주의, 정신분석학이죠. 이 이론들은 개성이 매우 강해요. 인간 마음에도 전혀 다른 관점으로 접근하죠.

형태주의 이야기

독일에서 분트가 현대 심리학을 탄생시켰다고 했지요? 독일에선 이후로도 활발하게 심리학 연구가 이뤄집니다. 연구가 점점 진행되면서 심리학자는 마음이 분해했다 조립하는 라디오나 시계와는 다르다는 생각을 하게 돼요. 분트는 마음의 부분을 하나하나 다 분석해 알아내면 마음의 전체적인 모습을 알게 되리라 생각했다고 했죠? 그러나 '인간의 마음은 단순히 분해하거나 조립하지 못한다.' 즉, 부분들의 합으로는 다 드러나지 않는 전체적인 흐름과 형태가 있다는 주장이 등장합니다. 바로 '게슈탈트 심리학'이죠. 게슈탈트(Gestalt)는 독일어인데 우리말로는 '전체'라는 의미와 '형태', '윤곽'이라는 의미를 다 가지고 있어요. 무슨 말로 번역할지 고민되겠죠? 그래서 현대 심리학계는 그냥 게슈탈트 심리학이라고 부르거나, 가장 의미가 비슷한 '형태주의' 심리학이라고 부릅니다.

형태주의 심리학자는 인간의 마음이 세상을 볼 때 맥락을 만들어냄을 발견했어요. 단순히 '보이는 대로' 본다는 구성주의의 생각과는 달랐죠. 예를 들어 볼까요?

▲□▲□▲□▲□

여러분은 위의 사각형 다음에 뭐가 올 것 같나요? 대부분 비슷한 생각을 할 거예요. 바로 ▲이죠. 인간은 위의 도형들을 그냥 각각 놓인 모양으로 보는 대신 규칙적인 맥락의 무늬로 보거든요. 이런 마음의 특징을 게슈탈트 학자들은 유사성(비슷한 모양끼리 묶어 보는 경향), 근접성(가까이 있는 것끼리 묶어 보는 경향), 완결성(간격을 메워 완결된 형태로 보는 경향), 연속성(연결되는 것끼리 묶어 보는 경향), 전경-배경(눈에 띄는 대상을 중심으로 형태를 구성하는 경향)의 여섯 가지 원리로 설명합니다. 여러분이 구름을 보다 닮은 모양을 발견하거나, 착시효과가 생기는 것도 이 원리 덕분이죠.

이 원리들 덕분에 우린 많은 걸 누린답니다. 어릴 때 좋아했던 만화 캐릭터가 있나요? 초통령이라 불린 뽀로로부터, 아기상어, 펭수, 포켓몬이나 디지몬, 폴리캅, 하츄핑 등 나열하자면 끝이 없죠. 어릴 때 가슴 두근거리며 아껴 보던 그 애니메이션이 어떻게 만들어지는지 혹시 아나요? 생생하게 움직이는 캐릭터와 박진감 넘치는 장면! 그것이 실은 그림 수천 장의 묶음이랍니다. 아주 조금씩 움직임을 바꾼 그림을 모아 빠르게 넘기면 움직이죠.

예를 들어, 캐릭터가 팔을 휘두르려면 팔이 처음 위치에서 아주 조금씩 위로 올라가는 그림을 한 장 한 장 그려야 해요. 팔을 한 번 휘두르는 동작에는 수십 장의 그림이 필요하죠. 오늘날처럼 컴퓨터

그래픽이 발전하기 전에는 작화가 여러 명이 직접 종이에 그림을 그렸답니다! 애니메이션 한 편을 제작하려면 수천 장은 족히 필요했겠죠? 정성스럽게 그린 그림들을 모아 빠르게 넘기면 신기하게도 자동차가 달리거나 로봇으로 변하고, 비행기가 날아가기도 합니다. 영화도 실은 같은 원리예요. 촬영장에서 카메라가 순간순간을 '프레임'이라는 일종의 사진으로 찍어 빠르게 넘기는 기법이거든요.

왜 갑자기 애니메이션, 영화 얘기를 하냐고요? 사실은 정지해 있는 그림 묶음인데, 빨리 넘기면 움직이는 화면으로 보이는 현상을 '가현운동'이라고 해요. 게슈탈트 심리학의 여섯 원리가 조화되며 일어나는 중요한 현상이죠! 분트의 관점으로 보면 애니메이션은 그냥 수천 장의 그림으로 보여야 해요. 그런데 인간의 마음은 움직임과 이야기를 보죠. 애니메이션, 영화 같은 예술이 즐거운 이유는 바로 '게슈탈트' 덕분입니다.

'전체적인 흐름', '연결된 맥락', '공통적 의미의 창조적 인식'을 바로 게슈탈트라고 부른답니다. 이런 마음 특성을 발견해 심리학의 세계를 넓힌 연구자들이 바로 베르트하이머(Max Wertheimer, 1880 ~ 1943)와 쾰러(Wolfgang Kohler, 1887 ~ 1967), 그리고 코프카(Kurt Koffka, 1886 ~ 1941)입니다. 게슈탈트 심리학 덕분에 이후 인지심리학, 사회심리학이 발전할 토대가 놓였어요. 심리치료 분야에서도 오늘날 사람을 돕는 게슈탈트 상담 이론으로 활용되고 있지요.

정신분석 이야기

드디어 프로이트(Sigmund Freud, 1856 ~ 1939) 이야기를 할 때가 왔어요. 프로이트는 심리학이 막 독립한 시대에 마음의 병을 고치는 의사였습니다. 오늘날 정신과 의사의 대선배라고 할까요? 과거에도 세상에는 늘 고통이 있었어요. 어려움을 만나 마음에 상처 입은 사람도 항상 있었지요.

마음에 깊은 병을 앓던 사람들은 시대에 따라 부족의 무당이나 신전의 신녀, 위대한 예술가가 되기도 했지만, 대부분 사회에서 소외되었어요. 과거에는 마음의 병을 앓는 사람이 왜 고통을 겪는지, 어떻게 치료해야 할지 알기 어려웠습니다. 마음은 눈에 보이지 않으니까요. 그럼에도 심리학은 마음의 고통을 해결할 방법을 늘 찾고, 치료하고자 하는 시도를 멈추지 않았어요.

프로이트는 처음에 최면술로 환자를 치료했답니다. 놀랍죠? 그는 프랑스에서 인턴으로 일하던 시절, 히스테리 증상에 시달리는 환자를 고칠 방법을 몰라 고민했어요. '히스테리'란 당시 마음의 고통을 표현하지 못해 억압한 사람들에게서 나타나던 이상하고 복잡한 증상을 말해요. 몸의 마비, 실어증, 강박적 행동이나 언어 반복 등 다양하게 나타났죠. 원인을 모르고 치료가 되지 않아 당시 의사들이 골치를 앓던 병이었습니다. 프로이트도 인턴 시절부터 원인과 치료법을 고민했어요. 그러다 프랑스에서 히스테리 환자를 최면술로 고치는 의사를 보았답니다!

그때 처음 프로이트는 히스테리의 원인이 마음에 있구나 깨달았어요. 최면술이면 마음의 병을 고칠 수 있다 생각한 프로이트는 열심히 방법을 배웠어요. 그러나 최면술의 효과는 개인차가 컸고, 최면상태에 들어가지 못하는 사람도 있었죠. 시행착오를 거듭하며 프로이트는 좀 더 효과적으로 사람을 치료할 방법을 다시 고민합니다.

고민 끝에 탄생한 방법이 바로 '자유연상'입니다. 사람이 의식이 있는 상태에서도 의도나 생각 정리 없이, 머릿속에 떠오르는 모든 것을 말하도록 하는 방법이죠. 카우치라 불리는 편안한 소파에 누워 진행해요. 머릿속에 떠오르는 모든 생각, 느낌, 욕구, 이미지, 기억 등을 거르지 않고 바로 말하는 이 방법은 이후 정신분석 치료의 핵심 기법이 됩니다. 자유연상은 최면이 걸리지 않거나 효과가 없는 환자에게도 도움이 되었어요. 그리고 증상의 원인이 되는 숨겨진 심리적 갈등을 드러내는 효과적 방법이 되었지요.

프로이트는 풍부한 치료 경험과 자신의 꿈을 분석한 연구를 토대로 내면세계를 그려 냈습니다. 그리고 역사에 결정적 영향을 미친 책을 쓰죠. 바로 <꿈의 분석>입니다. 이 책을 계기로 심리학이 인간을 바라보는 시선은 완전히 달라집니다. 바로 '무의식'의 발견 때문이지요.

프로이트는 <꿈의 분석>에서 처음으로 인간 내면이 '의식', '전의식', '무의식'으로 이뤄져 있는 빙산과 같다고 설명합니다. 빙산은 물 위로 떠오른 부분보다 물에 잠긴 부분이 몇 배는 크답니다. 이처럼 우리 정신도 무의식의 영역이 훨씬 크고 강력하다고 했죠. 수면 위로 올라와 눈에 보이는 영역이 '의식', 해수면 근처의 얕은 영역이 의식과 무의식 사이에 걸쳐 있는 '전의식', 그 아래 바닷물에 잠긴 커다란 부분이 우리가 인식하지 못하는 '무의식'이라고 했습니다.

이 세 영역은 끊임없이 역동적으로 움직이고 상호작용해요. 그중 무의식 영역은 가장 강력한 영향을 미치죠. 프로이트는 사실 인간은 이성이나 신념이 아닌, 무의식적 동기로 행동한다고 말했어요. 인간이 겪는 마음의 병도 무의식에 근원이 있다고 했죠. 이런 주장은 과학 발전을 무한 긍정하고 인간의 이성을 신성시 하던 당시 사회에 큰 충격을 주었어요.

프로이트가 던진 무의식이라는 개념이 만든 파문은 철학과 사회과학, 인문학 전반에 걸쳐 점점 넓게 퍼져 갔습니다. 프로이트의 등장 이후로 인간 이해와 심리학의 발전 방향은 크게 변한답니다. 앞서 잠깐 말했듯이, 프로이트 이전에 심리학은 오직 '의식'만을 연구했습니다. 마음이 의식으로만 구성된 줄 알았죠. 그러나 이런 연구로는 인간이 겪는 여러 심리작용과 고통을 이해하기 어려웠어요.

프로이트는 곧이어 무의식에 뿌리를 둔 본능적 욕구인 원초아(Id), 양심 역할을 하는 초자아(Super Ego) 그리고 이 둘 사이를 중재하는 자아(Ego)의 개념을 주장하며 인간의 인격이 어떻게 형성되고 작동하는지 설명했어요. 이렇게 '정신분석학'이 탄생했습니다. 정신분석학이 등장하면서 정신의학은 빠르게 발전했고, 심리학의 영역은 한층 더 넓고 깊어졌습니다. 프로이트가 시작한 심리학 분야를 '정신역동학' 또는 '심층 심리학'이라고 부르기도 해요. 마음의 역동적인 상호 관계를 다루고, 가장 심층에 있는 무의식을 연구하기 때문이지요.

상처 입은 치유자

놀라운 이야기 하나 할까요? 실은 세상을 바꾼 책인 <꿈의 분석>은 프로이트가 겪은 정신병 증상을 치료하며 쓴 책이랍니다. 아버지가 돌아가신 후 프로이트는 갑자기 찾아온 고통스러운 정신병적 증상을 스스로 분석했어요.

유명한 심리학자인 융(Carl Gustav Jung, 1875 ~ 1961)이나 설리번(Harry Stack Sullivan, 1892 ~ 1949)도 조현병을 겪었다는 사실을 아나요? 뛰어난 정신분석가이기도 했던 융과 설리번은 적극적으로 치료를 받았어요. 설리번을 치료한 분석가인 클라라 톰슨(Clara Thompson, 1893 ~ 1958)은 모성애가 지극한 치료자로 알려져 있지요. 융과 설리번은 회복 경험을 자신의 이론에 녹여 깊고 훌륭한 체계를 확립했어요. 두 사람은 심리학 발전과 인간 이해에 결정적인 기여를 했지요.

역사적으로 위대한 업적을 남긴 인물 중에 마음의 병을 앓았던 사람은 셀 수도 없어요. 화가 '뭉크'는 여러분이 한 번 관심을 가져 보아도 좋아요. 오랜 기간 베스트셀러였던 <링컨의 우울증>이라는 책도 있지요. 몸이 아프고 회복하는 과정이 삶의 자연스러운 한 부분이듯이, 마음도 그렇습니다. 인간은 살아가다 보면 위기를 만날 때가 있어요. 큰 병을 겪거나 힘든 사건 때문에 마음에 어려움을 겪기도 하지요. 이럴 땐 다른 일을 멈추고 차분히 자신을 보살피고 치료해 주어야 해요. '회복탄력성'은 인간의 놀라운 잠재력 중 하나랍니다.

행동주의 이야기

프로이트는 수많은 치료 사례를 과학적으로 분석하는 '임상 사례 연구'라는 새로운 연구 분야를 개척했어요. 오늘날 임상과 심리치료 분야에서 보편적으로 쓰는 연구 방식이죠. 그러나 당시에는 과학은 곧 실험이라는 생각이 강했어요. 프로이트의 무의식 이론은 증명하기 어려웠고, 인간의 본능을 이끌어 가는 원초아에 대한 논란도 많았습니다.

이때 심리학이 더 철저하게 과학적이어야 한다고 비판하며 나선 사람이 있어요. 바로 왓슨(John Watson, 1878 ~ 1950)입니다. 그는 인간을 연구하려면 객관적으로 관찰되고 측정이 가능한 '행동'만을 연구해야 한다고 주장했어요. 실험으로 증명하고 설명되는 영역이 과학적 심리학 연구라는 말이죠.

왓슨은 인간의 행동은 이성의 합리적이고 자유로운 사고 끝에 나오는 게 아니라, 원인이 되는 '자극' 때문에 생긴다고 설명했어요. 외부 환경과 경험하는 '자극(Stimulus)'에 '반응(Response)'하는 결과물이 인간의 행동이라고 말이지요. 단순하고 명쾌하지요? 예를 들어 볼까요? 왓슨의 유명한 실험 중 '앨버트 실험'이 있어요. 11개월 된 앨버트라는 아기에게 한 실험이지요. 앨버트에게 흰 쥐를 보여 주자, 아기는 처음엔 호기심에 눈을 반짝이며 만지려 하고 흥미를 보였어요. 그 다음 왓슨은 흰 쥐를 보여 줄 때마다 동시에 깜짝 놀랄 만큼 큰 굉음을 들려 주었어요. 그러자 처음엔 쥐를 무서워하지 않았던 앨버트가 나중엔 쥐만 보아도 울게 되었어요. 큰소리가 날 거라는 공포감이 학습된 거지요.

이 실험을 통해 왓슨은 인간의 모든 행동뿐 아니라 감정도 '자극'을 통해 학습된 결과물이라고 설명했어요. 그래서 행동주의에서는 자극(S)과 반응(R)사이를 연결하는 '학습'을 중요시해요. 인간의 감정조차도 어떤 조건과 자극을 주느냐에 따라 통제하고 변화시킬 수 있다는 말이지요. 인간 고유의 영역이라 생각했던 감정까지 통제되고 만들어진다는 왓슨의 주장은 매우 놀라운 일이었어요.

다양한 동물 실험과 과학적 연구로 왓슨의 이론은 당시 사회에서 각광받으며 강력한 영향력을 행사합니다. 행동주의에 대한 왓슨의 믿음은 강력했어요. 그래서 1930년에는 이런 말도 했습니다.

"나에게 건강한 아기 12명을 주십시오. 그리고 양육할 공간을 제공해 주십시오. 어느 아이든 임의로 지정하기만 하면, 잘 만든 나의 세계에서 그런 사람으로 키워 내겠습니다. 아기의 재능, 취향, 성향, 능력, 적성, 인종은 상관없습니다. 그 아이를 의사, 변호사, 예술가, 상인, 대통령 심지어 거지나 도둑에 이르기까지 어떤 유형의 사람으로도 만들어 내겠다고 장담합니다."

대담한 발언이지요? 자신이 계획한 대로 환경과 자극을 통제한다면 어떤 사람으로든 만들어 낼 수 있다는 말이니까요. 실제로 당시 유아교육에 행동주의의 영향력은 막대했어요. 아기가 울지 않게 하려면 울 때 안아서 달래 주지 말아야 한다고 왓슨은 칼럼을 썼어요. 이 내용은 당시 육아 방식이나 아동 병원의 치료 방침에도 적용되었죠. 세계 2차 대전 당시, 아이들을 부모와 분리해 시골의 대규모 보호 시설로 보낸 '아동 대피 프로젝트'도 왓슨의 영향력을 보여 주지요.

왓슨의 이론을 높게 평가한 스키너(Burrhus Frederick Skinner, 1904 ~ 1990)가 합류하자 행동주의의 토대는 더없이 탄탄해졌습니다. 그는 행동을 더 자주 하도록 '강화'하거나 없애도록 '소거'할 수 있다는 '강화 이론'을 밝혀냈죠. 스키너의 연구를 추가하며 행동주의는 동물실험과 과학적 연구로 그야말로 날개를 달았습니다. 미국을 중심으로 전 세계에 행동주의 심리학의 영향력은 막강했어요. 현대 교육심리학에도 여전히 행동주의의 유산은 생생하게 살아있납니다.

사랑은 인간의 본능

왓슨의 이론에도 한계는 있어요. 과학적 관찰과 실험으로 인간을 설명하려 했던 행동주의는 시간이 지나며 여러 부작용이 나타났지요.

예를 들어, 아기 앨버트 실험이 기억나나요? 그 아기는 실험 이후로 흰 털이 달린 것에 지속적 공포를 느꼈다고 해요. 심지어 산타클로스의 수염조차 공포증의 대상이었죠. 이 아기는 5세경 원인불명의 뇌수막염으로 일찍 생애를 마감했어요.

이론적 증명을 위해 어린아이에게 고통을 주는 실험에 윤리적 비판도 일어났지요. 그래서 현대에는 연구 윤리가 중요해졌고, 더 이상 이런 방식의 실험은 불가능하답니다. 2차대전 종전 후 부모와 분리되어 안전한 시골에서 보호받던 아이들이 가정으로 돌아왔어요. 그러나 많은 아기들이 이전과 다른 아이가 되어 있었어요. 부모에게 너무나 다른 태도를 보였고, 불안, 우울 등 정서적 어려움도 겪었죠. 병들거나 사망한 아이도 많았어요.

이 시기 새로운 심리학 분야도 태동합니다. 당시 세계보건기구(WHO)의 자문관이었던 존 볼비 박사는 아이들이 겪는 고통을 보며 양육자와 아기 사이에 아주 중요한 유대 관계가 있다고 생각했어요. 그리고 새로운 관점으로 양육자와 아기의 관계를 연구했지요. 프로이트나 왓슨의 생각과 달리, 아기는 태어나면서부터 본능적으로 양육자와 애정 어린 관계를 맺었어요. 그 본능적 관계가 생존에도 큰 영향을 미침이 밝혀졌지요. 이 관계를 '애착', 이 관계를 연구하는 분야를 '애착심리학'이라고 해요.

인간이 태어나서 일생 동안 어떻게 발달하고 변화하는지 연구하는 분야인 '발달심리학'도 볼비 이후 정립되기 시작하죠. 이런 분야의 발전으로 왓슨이 주장했던 양육 방식에 많은 문제가 있음을 오늘날 심리학자는 알고 있어요. 눈에 보이는 실험과 행동 연구만으로는 깊고 통합된 전체이자 사랑하는 존재인 인간을 다 담지 못했던 거예요.

현대의 문을 열다: 다시 존엄해진 인간

지금까지 살펴보았듯 심리학은 인간을 이해하고자 다양한 관점으로 도전했고, 놀라운 성과들을 거뒀어요. 당시 비약적으로 발전하던 다른 과학 분야(생물학, 의학, 화학, 물리학, 신경생리학 등)와도 긴밀하게 영향을 주고받았지요. 그리고 다윈이 문을 연 진화론은 모든 분야에 강력한 존재감을 발휘하고 있었어요. 그러나 인간은 늘 과학자가 이해하고 증명한 이론보다 좀 더 큰 존재였답니다. 어느 한 이론 안에 다 담기지 않았던 거지요.

당시 정신분석학과 행동주의 심리학은 양대 산맥처럼 사회에 막강한 영향력을 미치고 있었습니다. 서로 비판하는 아주 다른 듯한 두 이론이지만, 실은 닮은 면이 있어요. 바로 인간은 주체적인 존재가 아니라 다른 힘에 이끌려 가는 존재라는 입장이죠. 정신분석학은 인간을 이끌어 가는 힘이 무의식적 역동이라고 설명했어요. 행동주의는 이전 경험과 환경이 인간의 행동과 선택을 결정한다고 했죠.

이런 시선을 "인간의 선한 의지와 자기실현 경향성을 보지 못하다니!"라고 강하게 비판하며 나선 사람이 있어요. 바로 칼 로저스(Carl Rogers, 1902 ~ 1987)입니다. 그는 인간은 누구나 자유의지를 가진 능동적인 존재이자, 성장하려는 생명력 있는 존재라고 설명했어요. 로저스가 바라본 인간은 선한 의지를 타고나요. 그래서 자유가 주어지면 주체적으로 자아실현의 방향을 선택하고 잠재 능력을 발휘하지요. 앞선 이론들과는 사람을 바라보는 시선이 많이 다르지요?

사실 로저스는 어릴 때 아버지의 농장에서 자라며 많은 식물과 동물을 관찰하고 돌보길 좋아했답니다. 그는 모든 생물이 태어나는 순간부터 자라려는 생명력이 있음을 발견했어요. 자연스럽게 고유한 성장 과정을 밟는 모습을 관찰한 거죠. 로저스는 인간 역시 하나의 생명체로서 자기답게 성장할 힘을 가진 존재임을 깨달았습니다.

이후 심리학을 전공한 로저스는 아동학대방지협회에서 비행 청소년 및 부적응 아동을 상담했어요. 로저스는 이 시기 경험으로 인간의 자발성과 창조적 회복력을 확신하게 됩니다. 그는 상담자로서 충분히 수용과 경청을 해 주고, 지시나 간섭을 하지 않는 안전한 환경을 제공했어요. 그러자 아이들은 스스로 문제의 원인을 찾고 성장 방향으로 나아가는 변화를 보였지요.

로저스의 주장은 당시 심리치료 문화에 강력한 도전이었어요. 정신분석과 행동주의 모두 치료자가 강력한 권위를 갖고 내담자에게 지시하는 방식이었거든요. 치료받는 사람은 치료자의 안내를 일방적으로 따라야 했어요. 로저스는 이런 분위기에 맞서 '내담자 중심 치료'를 주장했어요. 당시 심리학자가 쓰던 진단명도 사용하지 않았죠. 상담자와 내담자는 본질적으로 동등한 존재이고, 회복의 힘은 내담자 자신에게서 나온다고 로저스는 주장했어요. 적절한 치료적 환경과 안전함이 주어질 때 문제의 원인과 해결 방법을 누구보다 내담자가 잘 안다는 말이죠.

로저스는 "나는 단지 자신이 되고, 다른 사람들이 자기 자신이 되게 하는 것이 행복하다고 느낄 뿐이다."라고 말했어요. 그는 2차 세계대전 이후 성장한 실존주의 철학과 현상학의 영향을 받았어요. 그래서 인간의 주체성을 강조하는 새로운 심리치료 이론을 탄생시켰죠. 오늘날 로저스의 영향을 받지 않은 심리치료 이론은 없답니다.

심리학에 날개를 달아 준 인간중심 심리학

로저스와 함께 '인간중심 심리학'을 강력히 주장한 사람은 매슬로우(Abraham Harold Maslow, 1908 ~ 1970)입니다. 매슬로우는 특히 '욕구단계 이론'으로 유명해요. 그는 인간의 욕구가 어떤 방식으로 드러나고 발전하는지 연구했어요. 1단계인 생존을 위한 생리적 욕구부터, 최상위 욕구인 자아실현의 욕구까지 5단계의 욕구 이론을 제시했죠. 구체적인 내용은 뒤에 살펴볼게요. 매슬로우 역시 인간은 태어날 때부터 성장하고 고유한 자기를 실현하려는 방향성을 가진 존재로 보았어요.

실은 매슬로우는 학창 시절 오랫동안 힘든 시간을 보냈습니다. 요즘도 심각한 폭력으로 다루는 '왕따'를 당했기 때문이죠. 백인 가정이 대부분이던 지역에서 유일한 유태인이라는 이유였어요. 청소년기 내내 그는 대부분의 시간을 혼자 도서관에서 보냅니다. 당시 사회와 인간에게 증오심을 품어도 이상하지 않겠지요? 그런데도 매슬로우는 인간을 향한 따뜻한 시선을 잃지 않고 인간중심 심리학을 창설합니다.

대학에서 만난 동료와 스승이 큰 역할을 했답니다. 최초로 애착 실험을 한 해리 할로우(Harry Harlow), 행동주의 실험의 한계성을 알게 해 준 손다이크(Edward Thorndike), 인간을 전체적으로 보는 눈을 열어 준 베르트하이머(Max Wertheimer), 환경이 성격에 끼치는 영향을 강조한 아들러(Alfred Adler), 사회심리학의 개념을 알려 준 에리히 프롬(Erich Fromm), 인류학자로 다양한 인종에 관심을 기울인 루스 베네딕트(Ruth Benedict) 등 영향을 준 사람이 많아요.

그는 만나는 좋은 동료와 스승의 영향력을 마음을 열고 받아들였어요. 그리고 자기 인격과 이론에 통합해 나아갔죠. 특히 베르트하이머와 루스 베네딕트의 깊고 성숙한 인격에 깊은 감동을 받았어요. 두 사람의 인격을 탐구하는 과정에서 매슬로우는 인간 욕구의 최고 단계인 '자기실현'이라는 독창적인 개념을 정립합니다.

인간은 누구나 성장을 향해 나아가는 마음의 핵심 부분인 '진실한 자아'가 있어요. 이 자아를 사랑하고 보살필 때, 더 나은 단계로 발전하고 자기실현을 향하여 성장한다고 매슬로우는 말했어요. 당시 심리학계에서 널리 통용되던 진단명을 그도 쓰지 않았죠.

매슬로우는 인간 욕구는 타고난 본능이라고 했습니다. 기초 단계가 충족되면 더 상위 단계를 향해 나가는 행동이 나타난다고 했죠. 매슬로우의 욕구 이론은 혁신적이었어요. 지금도 경영학, 사회학, 마케팅 분야까지 여러 영역에 광범위한 영향력을 미치고 있죠.

1951년 매슬로우와 로저스는 같이 '인본주의 심리학회'를 창립했습니다. 그들은 이 선택을 '제3의 물결'이라고 불렀지요. 드디어 정신역동과 실험 중심의 행동주의 이론에서 벗어난 심리학의 새 시대가 열렸습니다. 두 사람은 인간의 무한한 잠재력에 주목해 『초인간적 심리학 저널(Journal of Transpersonal Psychology)』을 창간하기도 했답니다.

인본주의 이론 발전은 심리학계에 새 물결을 일으켰어요. 인간의 '이성'과 '선택 능력'은 다시 중요해지기 시작했습니다. 통찰하고 사색하는 마음의 힘에 심리학계는 주목합니다. 현대 심리학의 인간을 향한 다양하고 광활한 연구의 문이 열린 것이죠.

다시 생각하는 인간으로

인간중심 심리학이 발전하는 동안, 실험실에서도 여전히 왕성한 심리학 연구가 이뤄졌어요. 과학적 심리학=행동주의이던 당시 분위기 속에서 쾰러(Wolfgang Köhler)는 새로운 발견을 합니다. 천장에 메달아 둔 바나나를 먹으려고 침팬지가 도구를 조립하고 사용하는 모습을 봤거든요. 그 침팬지는 작은 막대와 큰 막대를 연결하고, 한 켠에 둔 상자를 끌어와 쌓아 발판으로 사용하기까지 했습니다. 도구의 발명과 사용이 인간의 고유한 특징이라는 믿음이 깨진 순간이죠. 쾰러는 이 침팬지가 시행착오를 반복하며 해결 방법을 "통찰"해 냈다고 주장했습니다.

다른 곳에서도 발견은 계속되었어요. 톨만(Edward Chace Tolman, 1886 ~ 1959)이 하던 미로 실험에서 흰쥐는 처음엔 길을 찾지 못하고 헤매었어요. 그러다 어느 순간 마치 머릿속에 지도가 완성된 듯 최단 거리로 먹이가 있는 목표 지점까지 달려갔습니다. 여러 차례 최단 거리의 길을 막아도 곧바로 다음으로 빠른 길을 선택했죠. 행동주의자였던 톨만은 쥐가 머릿속에 그린 지도를 단순히 자극-반응의 관계로 설명하지 못했어요. 쥐는 생각했고, 길을 기억해 머릿속에 '인지도'를 그렸던 거죠.

환경과 자극으로 인간의 행동이 통제된다는 행동주의 이론에 한계점이 드러나기 시작했어요. 인간이 뭔가를 원할 때 그 행동은 단순한 자극의 결과가 아니었어요. 인간은 생각하고, 집중하며, 기억합니다. 지식과 경험을 활용해 미리 과정을 예상하죠. 그리고 종합적 판단을 거쳐 선택합니다.

누군가와 친구가 되고 싶거나 여행을 가고 싶거나 새 폰을 사고 싶을 때 바로 그렇게 하죠. 요약하면, 우리의 사고와 감각은 친구나 여행, 새 폰에 '주목'합니다. 그리고 필요한 모든 자원을 활용해 '문제 해결능력'을 발휘합니다. 이런 고차원적이고 복잡한 마음의 과정을 '인지과정'이라고 합니다.

같은 자극을 받더라도 사람은 저마다 다른 반응을 보인답니다. 각자의 경험, 기억, 배움과 가치관이 다르기 때문이지요. 여러분도 친구들과 같은 게임을 하거나 영상을 봐도 다 반응이 다르곤 하죠? 결국 행동주의는 인간 같은 고등 생명체의 반응을 설명하기 어려운 한계가 있다는 비판에 직면합니다. "인간이기 때문에 생각하고, 생각하기 때문이 행동한다."[2] 라고 주장하며 인지주의 심리학은 등장합니다. '자극'에 단순히 '반응'하는 것이 아니라 그 사이에 '생각', 즉 해석과 판단이 들어간다는 뜻이죠.

인지심리학자는 다시 인간의 '정신능력'을 과학적 연구에 포함시켜야 한다고 주장했어요. 감정과 생각, 행동, 지각, 지능, 언어, 기억, 이해와 판단력, 자기결정과 창의성까지 모두 과학적 연구주제라고 보았죠. 바야흐로 '인지주의 심리학'의 발전입니다.

컴퓨터의 등장, 현대 심리학 눈부시게 달리다

이 무렵 과학계에서 혁신이 일어났어요. 바로 최초의 컴퓨터 발명입니다! 최초의 컴퓨터는 무게가 4.3톤이나 되었단 걸 아나요? 컴퓨터에 연결된 전선과 와이어의 길이만 850Km에 달했습니다. 서울과 부산 사이의 거리가 477Km랍니다. 전선이 얼마나 길었는지 상상이 가죠! 이 거대한 컴퓨터는 수학 계산, 입력된 정보의 분류와 저장, 심지어 체스 게임도 할 수 있었다고 해요. 이전까지는 오직 인간만이 가능한 일이었죠.

컴퓨터의 발명과 심리학이 무슨 상관이 있냐고요? 실은 매우 깊은 관련이 있답니다. 컴퓨터가 정보를 처리하는 원리는 과학자가 단계와 과정을 다 이해하고 있어요. 심지어 도형 모양의 틀을 사용한 표로 간단히 알아보도록 정리도 했죠. 이 표를 '도식'이라고 부릅니다.

심리학자는 생각했어요. 명백히 확인되는 컴퓨터의 정보처리 과정처럼, 보이지 않는 마음의 정보처리 과정도 도식화해서 표현하면 어떨까? 원래 사람과 같은 능력을 가진 기계를 만들려는 노력 끝에 컴퓨터가 탄생했거든요. 사람의 인지 과정과 컴퓨터의 정보처리 과정은 비슷할 수밖에 없지요.

인지심리학은 컴퓨터의 발전과 함께 비약적으로 성장했습니다. 컴퓨터의 도식 과정을 통해, 인간이 정보를 어떻게 처리하는지도 추리해 낸 거죠. 인지심리학자는 인간의 정보처리 과정도 알기 쉽게 도식으로 그렸어요. 이것을 '정보처리 모형'이라고 부릅니다. 그동안 심리학계에서 연구한 인간의 많은 특성과 주제가 이 모형으로 재해석 되고 정리되었어요.

이게 얼마나 놀라운 일이었냐고요? 노벨상을 받을 만큼 획기적인 일이었답니다. 허버트 사이먼(Herbert Alexander Simon, 1916 ~ 2001)이 그 주인공입니다. 그는 컴퓨터가 입력된 정보를 바탕으로 결론을 내놓듯이, 인간을 제한된 정보를 가진 '의사결정자'로 바라보았어요. 환경이나 교육 등 각자 다르게 경험한 정보를 지닌 존재로 말이죠. 컴퓨터의 정보처리 과정을 인간 사고 과정과 연결해 설명하는 논문은 노벨상을 수상했답니다.

컴퓨터의 발전은 인지심리학뿐만 아니라, 심리학계 전체의 발전 속도를 높여 주었어요. 예를 들어, 게슈탈트 심리학이나 정신분석 이론도 더욱 구체적이고 명확히 표현하게 해 주었죠. 마음의 본성에 대한 '추상적 개념'을 이제 '실제 데이터'로 모으고 평가해 증명하고 있답니다.

심리학이 낳은 새로운 지성, AI

이젠 일상 속으로 성큼 들어온 AI도 실은 심리학 덕분에 태어났다는 사실을 아나요? AI는 여러 분야에서 흥미진진한 일들을 해내고 있지요. 하지만 만들어진 원리는 좀 복잡하고 어려워서 여러분에게 어떻게 소개해야 할지 고민했답니다. 바로 '심리언어학'의 탄생이 AI 발전의 첫걸음이었어요.

여러분은 내가 어떻게 말을 배웠을까? 궁금해 본 적 있나요? 처음엔 한 마디도 못하던 아기였는데 말이죠. 게다가 우리는 중국인, 일본인, 태국인, 미국인, 독일인, 스페인인 등 다른 나라 사람이 '말'을 하고 있다는 걸 알아요. 그 언어를 몰라도 일반 소리와 언어를 '구분'하죠.

이런 인간의 능력을 정말 진지하게 연구한 사람이 있답니다. 노엄 촘스키(Avram Noam Chomsky, 1928 ~)는 인간이 어떻게 언어를 이해하고 말할까에 궁금증을 품었어요. 인간은 어떻게 다른 소리와 구분해 언어를 알아들을까요? 더구나 말에 담긴 속뜻을 이해하고, 복잡한 마음을 정리해 말로 표현하죠. 모국어와 외국어를 구분해 사용하기까지 하잖아요?

아기 때부터 발달하는 이 언어 이해 능력은 선천적으로 타고나요. 촘스키는 전 인류가 공통으로 공유하는 심리적 언어 체계가 있음을 발견했답니다. 촘스키는 언어를 이해하고 사용하는 데 특화된 인류 공통의 두뇌 체계를 '보편 문법'이라고 불렀습니다. 그가 쓴 <통사구조>라는 책은 언어심리학의 탄생이자 '언어학 혁명'이라 일컫지요.

인간이 언어를 어떻게 배우고 사용하는지 구체적으로 알게 되자, 컴퓨터에도 언어를 가르치려는 시도가 시작되었어요. 이것이 암흑기를 겪던 AI 연구에 신호탄이 됩니다. 촘스키는 언어가 단순한 의사소통만이 아니라, 깊은 마음을 체계화하는 중심축이 된다고 했어요. 즉, 언어가 있어서 우리가 마음속에 복잡하게 얽혀 일어나는 감정, 생각, 욕구, 지각을 스스로 이해하고 표현할 수도 있다는 말이에요. 언어가 의식을 담는 '틀'이 되는 거죠. 이 말은 우리가 언어를 쓰기 때문에 고차원적 사고나 학습이 가능하다는 뜻이기도 해요.

AI에게 언어를 가르치고 사용하게 하자 놀라운 일이 일어났어요. 인간의 '두뇌 신경망'을 모방해 AI가 스스로 정보를 학습하는 '딥 러닝(deep learning)'이 가능하게 되었습니다. 그 결과 이세돌 기사와 세기의 바둑 대결을 펼친 알파고(AlphaGo)나 챗GPT 등 현대 AI가 등장했죠.

오늘날 우리가 접하는 뇌과학과 첨단 AI는 촘스키 덕분에 발전했다 해도 과언이 아니에요. 그러나 정작 그는 AI가 인간의 마음을 온전히 모방하는 날은 오지 않는다고 주장해요. 인간의 마음은 단순히 정보의 학습과 처리 이상의 신비로운 영역이 있기 때문이죠.

우리는 태어난 순간부터 사회와 문화에 안겨 살아가요. 그 '맥락' 속에서 자연스럽게 깊고 복잡한 감정적 유대를 형성하지요. 마치 숨 쉬고 밥을 먹듯, 그 맥락 안에서 풍부하고 독특한 정서적 경험을 합니다. 심지어 영적인 통찰과 성장도 일어나요. 촘스키는 이러한 '공감과 연대, 영성이 존재하는 마음의 신비로운 영역'은 AI가 흉내 내기 어렵다고 말해요. 그래서 인간의 마음은 여전히 신비롭고 유일하다고 말이죠.

촘스키는 존경받는 학자이자, 사회와 현실 문제에 적극적으로 목소리를 내고 참여하는 실천적 지식인입니다. 자신부터 사회와 문화적 맥락 속에서, 고유한 '자기 마음을 따라 능동적'으로 살고 있지요.

마음과 몸은 따로따로가 아니야!

의학과 생리학의 발전은 심리학과 밀접한 영향을 주고받았어요. 애초에 심리학이 독립한 것도 생리학의 발전 덕분이었죠. 인간의 몸에 대한 구체적인 연구는 신기하게도 마음의 여러 영역에 대한 새로운 발견을 가져왔습니다. 예를 들어, 노벨생리의학상을 받은 허블(David Hubel, 1926 ~ 2013)과 비셀(Torsten Wiesel, 1924 ~)의 시각 연구는 인간이 눈으로 보는 세상을 어떻게 인식하는지 알려 주었어요.

시각 연구는 계속 나아가 '맹점(눈의 시신경이 모여 뇌로 나가는 작은 통로. 눈으로 들어온 빛이 맹점이 아닌 망막에 닿아 상이 맺히면 우리는 그 형태를 봅니다. 그러나 맹점에 상이 맺히면 보이지 않죠.)'의 빈자리를 마음이 무의식적으로 메꾼다는 사실도 밝혔어요. 예를 들어, 파란 벽에 '하얀 얼룩'이 하나 있다고 상상해 보세요. 그 벽을 바라보며 다가가다가 흰 얼룩이 우리 눈 속의 '맹점' 위치에 오는 순간, 어떤 일이 일어날까요? 우리는 얼룩 없는 파란 벽을 보게 됩니다. 마음이 맹점의 빈 곳을 주변과 같은 파란색으로 채우기 때문이죠! 이런 현상은 매 순간 무의식적으로 일어납니다. 맞아요, 프로이트가 말했던 그 '무의식' 말이지요.

우리는 세상을 있는 그대로 보고 듣는 게 아니랍니다. 오감을 통해 들어오는 정보는 마음이 주변 '맥락'을 따라 처리하는 과정을 거칩니다. 이 과정은 매우 빠르게 일어나지만 꽤 복잡합니다. 과거 경험, 세상에 대한 느낌 등 한 개인의 '주관적 맥락'까지 통합해 무의식적으로 해석되죠. 그 최종 결과물을 우리는 '인식'합니다. 그래서 같은 걸 보아도 개개인의 경험은 많이 다르죠.

요즘 반려동물 문화가 무척 활발하죠? 반려견을 키우는 사람은 거리에 강아지가 있으면 금방 알아보고 반가움을 느낍니다. 그러나 평소 동물에 관심이 없는 사람은 강아지를 인식도 못하고 지나가기도 합니다. 어릴 때 개에게 물린 경험이 있어 무서워하는 사람은 작은 강아지를 무척 사나운 개로 보고 놀랄 수도 있죠. 세 사람의 시각은 똑같이 '강아지'라는 대상을 보았습니다. 그러나 마음의 무의식적 처리 과정을 거쳐 '다른 현실'을 인식한답니다. 신기하죠?

마음의 자리

우리도 모르게 이렇게 놀라운 일을 하는 마음은 어디에 있을까요? 고대부터 인간의 마음이 어디에 있는지 끊임없이 궁금해 했던 학자가 있었죠. 히포크라테스, 소크라테스, 플라톤, 데카르트 등은 각자 마음이 '심장' 또는 '머리'에 있다고 믿었습니다. 심지어 우리 선조들은 감정이 '내장기관'에 있다고 보았어요. 기쁨과 행복감은 '심장'에, 슬픔과 비통함은 '폐'에, 불안과 두려움은 '신장'에 있다고 생각했죠. 감정조절과 건강은 이 내장들의 조화와 균형으로 결정된다고 이해했습니다. <동의보감>에 보면 이런 내용이 잘 나와 있어요.

오늘날 심리학은 마침내 마음의 자리를 밝혀냈습니다. 바로 '인간의 두뇌'가 마음의 자리라고 하죠. '뉴런'이라고 불리는 신경세포가 집중적으로 모여 두뇌를 형성하고 있답니다. 여러분도 뉴런을 교과서에서 한 번쯤 본 적 있을 거예요. 뉴런은 다른 세포들과는 상당히 다르게 생겼습니다. 구조를 보면 마치 가지와 줄기, 뿌리가 있는 나무 같은 모양이라고 할까요? 긴 것은 세포 한 개의 길이가 1미터를 넘기도 해요! 이렇게 특이하게 생긴 이유는 '화학적 신호'를 전달하기 때문입니다. 오감(시각, 청각, 촉각, 후각, 미각)을 통해서 외부에서 들어오는 정보를 뇌로 전달하거나, 뇌의 명령을 몸의 각 기관에 전달하기도 하지요.

한 사람의 뇌에만 약 1000억 개의 뉴런이 있어요. 지구가 속한 은하계의 별 개수가 1000억 개 정도라고 해요. 우리 머릿속에 은하계 하나 만큼의 뉴런이 있는 거지요. 더 놀라운 건 뉴런과 뉴런 사이 연결망이에요. 한 뉴런에서 다음 뉴런으로 연결되는 부위를 '시냅스'

라고 부른답니다. 뉴런과 뉴런 사이엔 100만분의 2센티미터 정도의 공간이 있거든요. 뉴런을 타고 온 정보는 시냅스에서 다음 뉴런으로 넘겨집니다. 어떻게 전달하냐고요? 빈 공간에 '신경전달물질'을 분비해 다음 뉴런에 화학적으로 정보를 전달한답니다.

여러분이 많이 들어본 세로토닌, 도파민 등이 여기서 등장해요. 행복감, 성취감을 느끼게 해 준다는 이 호르몬이 바로 대표적 '신경전달물질'이랍니다. 신경전달물질은 70가지 이상이 있어요. 그리고 한 물질이 여러 역할을 합니다. 예를 들어 가장 잘 알려진 '세로토닌'은 우울감을 없애고 안정감과 행복감을 느끼게 하죠. 또한 체온 조절, 수면과 식욕 조절에 중요한 역할을 한답니다.

여기까지 읽고 보니 '시냅스에서 일어나는 정보 전달이 단순한 일이 아니구나.' 생각 드나요? 그렇다면 정답입니다. 시냅스에서 '어떤 순서로 어떤 정보가 전달되는가'에 따라 우리 뇌는 다른 판단을 하고, 우리 몸은 다른 경험을 합니다. 시냅스는 뇌가 온몸을 조화롭게 지휘하고 조절하는 '복합 정거장' 같죠.

한 사람의 뇌 속 시냅스는 100조 개가 넘습니다. 실감하기 힘든 숫자죠? 더 놀라운 일은 이 시냅스 연결망이 사람마다 다 다르게 생겼다는 사실이에요. 그래서 우리는 세상에서 단 하나밖에 없는 고유한 마음으로 살아간답니다.

변화하고 성장하는 뇌

청소년기는 뇌가 급격히 변화하는 시기입니다. 이전에 발달한 시냅스를 대규모로 잘라 내고 새로 연결하는 대공사가 이뤄지기 때문이에요. 여러분의 마음에 엄청난 변화가 일어나고 있다는 말이죠. 그래서 감정이 쉽게 오르락내리락하거나, 외부 상황이 바뀌면 쉽게 불안해지기도 합니다. 친구들이 나를 어떻게 보는가가 무척 중요해지죠. 자아 정체감이 아직 형성 중이라 자존감이 일생 중에 가장 떨어지는 시기이기도 해요.

이 모든 변화는 여러분의 뇌가 한창 '리모델링' 중이기 때문이에요. 이 시기 어떤 경험을 하고 무엇을 배우는가에 따라 여러분의 마음은 크게 달라집니다. 좋은 경험을 다양하게 하고, 건강한 관계를 맺고, 활발하게 몸을 움직이고 운동도 많이 하길 바라요. 깊이 생각하고 느끼는 기회를 갖고, 유익한 정보를 많이 배우기를 진심으로 바랍니다.

청소년기를 지나고 나면 마음은 더 이상 변하지 않을까요? 다행히도 그렇지 않습니다. 인간의 몸에서 가장 유연하고 변화가 잘 일어나며, 늦게 굳어지는 곳이 바로 뇌입니다. 신기하죠? 무엇이 바뀌는 걸까요? 바로 '시냅스 연결망'입니다. 경험과 자극, 환경 변화에 따라 시냅스는 무수히 새로 연결되고 강화되며, 퇴화하기도 합니다.

마치 뇌 속에 길이 만들어진다고 할까요? 계속 새로운 자극이 들어오고 많이 사용하는 길은 넓어지고 길어지며 더 빠르게 정보가 오가도록 잘 닦입니다. 반면, 한 번 만들어진 길도 사용하지 않게 되면 점점 좁아지고 다니기 불편해지다가 없어진답니다. 이런 뇌의 유연성을 '뇌 가소성'이라고 부릅니다. 이 특성 덕분에 심리치료가 가능하고, 인간은 변화에 적응하고 성숙합니다.

예를 들어 볼까요? 여러분이 즐겨하는 게임을 처음 배웠을 때를 떠올려 보세요. 신중하게 캐릭터를 만들고 기본 장비를 착용한 채 첫 미션을 시작한 장면 말이죠. 그때 여러분은 아이템을 어떻게 쓰는지, 미션을 달성하려면 어디로 가야 할지도 몰랐죠. 서툴게 키를 눌러 허공에 칼질해 보거나, 엉뚱한 방향으로 뛰어 본 기억이 있나요? 그때 여러분의 뇌에는 그 새로운 게임에 대한 감각 정보가 들어오고 시냅스 연결망이 형성되기 시작했답니다.

정보를 검색하거나 친구에게 물어 가며 몇 시간 열심히 배웠을 거예요. 그 후엔 좀 알 것 같고, 키 조작도 편해집니다. 그런 느낌이 드는 이유는 바로 그 게임과 관련된 시냅스 연결망이 제법 만들어졌기 때문입니다. 그 게임을 할 때 손가락을 움직이는 신경계로 시냅스가 연결되었죠. 게임의 줄거리와 시스템을 파악하고 기억하는 연결망도 형성되기 시작했어요.

요즘 게임할 땐 어떤가요? 키 조작은 의식하지 않아도 빠르고, 웬만한 아이템과 중요 미션은 다 외웠을 거예요. 게임할 때 집중력도 최고입니다. 이제 여러분의 뇌 속엔 그 게임에 대한 시냅스 연결망이 튼튼하게 자리 잡았습니다. 캐릭터 레벨이 오르고 장비가 좋아질수록 연결망은 계속 새로운 시냅스와 연결해 길어졌죠.

혹시 시험기간 암기는 어려운데, 좋아하는 게임 아이템은 줄줄 꿰고 있나요? 그렇다면 여러분의 뇌 속엔 공부할 때 쓰는 연결망보다 게임 관련 연결망이 훨씬 두껍고 길어져 있다는 뜻입니다. 새로운 정보가 그 길로 쏜살같이 전달되죠. 심지어 비슷한 장르의 새 게임을 배울 때도 훨씬 쉽습니다. 이미 만들어진 시냅스 연결망에 새로운 길을 연결하면 그대로 쓸 수 있기 때문이죠.

뇌 가소성의 신비

새로운 경험과 새로운 환경에 적응하려고 우리 뇌는 '가소성'을 발휘합니다. 앞서 배운 지식이나 기술이 적응에 도움이 되면 적극적으로 활용하죠. 그래서 능숙한 일과 관련된 분야는 훨씬 빠르게 배웁니다. 예를 들어 영어를 충분히 공부해 자연스럽게 쓰는 사람은 스페인어, 독일어 등 다른 언어를 훨씬 쉽게 익힙니다. 바로 이런 뇌 가소성이 극대화되는 시기가 청소년기입니다. 지금 여러분의 경험과 학습이 왜 중요한지 알겠지요?

여러분이 통과하는 청소년기는 집중적인 성장이 일어나는 시기예요. 어떻게 생활하느냐에 따라 몸의 변화가 큽니다. 예를 들어 볼까요? 여러분 중에는 1년에 10cm나 자란 사람도 있을 거예요. 그러나 성인인 저는 지난 10년간 1cm도 자라지 않았답니다. 여러분이 얼마나 큰 변화의 시기를 통과하고 있는지 상상이 가나요? 성인이 된 후에 몸은 기본적으로 큰 변화 없이 일정한 상태를 유지합니다.

우리 몸은 신선한 음식을 먹고 규칙적으로 운동하며 리듬이 안정된 생활을 하면 건강해지고, 체력이 좋아집니다. 병이 낫기도 하죠. 성인이 된 몸도 환경과 경험이 달라지면 이렇게 많이 변해요. 비슷한 노력을 마음의 건강과 성숙을 위해 들인다면 어떨까요? '뇌 가소성'이 해 주는 얘기는 몸의 변화보다 더 놀랍습니다. 우리의 마음은 훨씬 유연하게 변합니다. 물론 몸과 마음의 변화는 대부분 연결되어 일어나죠.

무엇을 먹고, 어떻게 자고, 무엇을 공부하고, 누구를 만나 어떤 감정을 느끼고, 어떤 활동을 하는가는 매 순간 우리 뇌에 영향을 줍니다. 이 경험이 꾸준히 쌓이면 몸과 마음에 변화가 생기죠. 복잡하고 어렵다고요? 그럼 일단 걷기부터 시작해 보세요. 걷기는 뇌 건강에 강력한 영향을 미친답니다. 활동량이 늘면 뇌에 필요한 영양물질이 풍부하게 공급되며 시냅스가 많아지고 튼튼해집니다. '운동을 하면 뇌가 건강해진다.'라는 말은 과학적으로 증명된 사실입니다. 하지만 뇌 건강을 위해 꼭 힘든 운동을 할 필요는 없죠.

온몸에 존재하는 마음

뇌의 신경 연결망이 우리 '마음'의 자리라는 말을 앞서 했지요?

그럼 역사 속에 수많은 사람이 가슴으로 느끼던 마음은 착각이었던 걸까요? 너무 슬퍼 창자가 끊어질 듯하다는 뜻인 "단장의 아픔"을 노래했던 우리 조상의 경험은 잘못된 걸까요? 가슴으로 느끼던 감정과 열망이 사라지고 머리로 생각, 판단하는 마음만 남아 어쩐지 삭막해진 듯도 합니다. 그러나 실망하긴 일러요. 현대 과학은 역사 속 선조들이 틀리지 않았음을 증명해 내고 있습니다.

마음, 즉 '정신활동'의 핵심은 뉴런세포 연결망의 조화로운 신호 전달과 상호작용이 맞습니다. 과학이 지금까지 밝혀 낸 바에 따르면 말이지요. 물론, 과학은 새로운 진실의 발견에 언제나 열려 있습니다. 예를 들어, 만일 뇌조직이 두뇌만이 아니라 몸의 다른 곳에도 있다면 어떨까요? 뉴런세포와 시냅스 연결망은 놀랍게도 우리 몸의 여러 곳에 존재한다고 해요. 그중 특히 중요한 발견이 바로 심장과 소장입니다.

뇌의 '변연계'와 비슷한 조직이 우리 심장에도 있음을 알고 있나요? 두뇌와 심장의 신경계는 서로 상호작용하며 정보와 신호를 주고받아요. 지금까지 심장은 통제되지 않는 자율신경의 활동으로 평생 뛴다고 생각되었어요. 그러나 심장도 근육 움직임, 혈액의 흐름 등으로 전달되는 우리 몸의 상태 정보를 두뇌에 보낸다고 해요. 그리고 뇌는 상황에 따라 심장을 빠르게 뛰거나 강하게 혹은 느리게 뛰도록 조절합니다.

뇌의 변연계는 인간의 '생존'과 '정서', '기억'을 담당하는 중요한 부분입니다. 우리가 순간순간 경험하는 감정은 모두 변연계의 작용이죠. 이것과 비슷한 조직이 심장에 있으니, 여러분이 느끼는 스트레스나 감정에 심장은 민감하게 반응하며 함께 느끼고 대처해 왔어요.

수천 년간 인류가 마음이 심장에 있다고 믿었을 만큼, 심장은 우리 두뇌 가까이 있는 마음의 일부분이었지요.

우리의 배, 즉 위와 장에도 많은 신경 연결망이 있답니다. 특히 장은 '제2의 뇌'라고 불릴 정도로 많은 역할을 합니다. 여러분도 시험 전날 배탈이 나거나, 스트레스를 받으면 소화가 잘 안 되는 경험이 있을 거예요. 우리의 위와 장에는 촘촘하게 시냅스 연결망이 분포해 있습니다. 그래서 상황에 두뇌만큼이나 민감하게 '반응'할 수밖에 없지요. 소장은 신경 연결망을 통해 몸의 상태에 대한 정보를 뇌에 보내고, 뇌의 신호를 받아들입니다. 그래서 뇌의 명령으로 활발하게 움직이거나, 위축되며 혈액량이 줄기도 하죠.

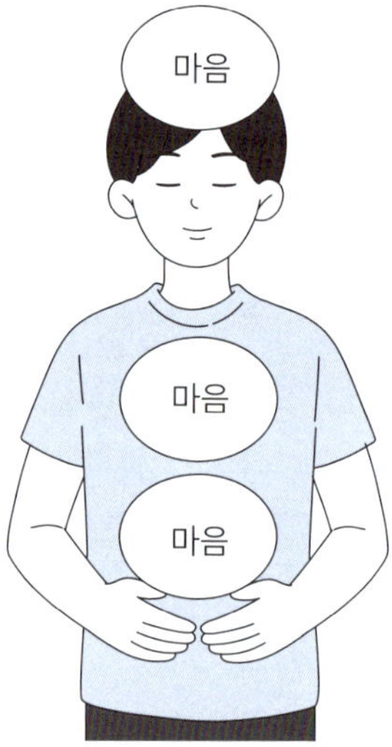

또 하나의 뇌, 소장 이야기

놀라운 사실을 알려 줄까요? 우리 몸에서 세로토닌이라는 신경전달물질을 가장 많이 만들어 내는 곳이 바로 소장이랍니다. 세로토닌은 직접적으로 소화에 영향을 미치기도 하고, 피를 타고 뇌로 가서 신경전달물질로도 사용된답니다. 그래서 세로토닌 부족으로 생기는 우울증은 식욕에도 많은 변화를 일으킵니다. 식욕이 급격히 없어지거나, 폭식을 하게 되죠. 뇌의 상태뿐 아니라 소화기관의 상태에도 직접적인 변화가 생기니까요.

소장은 세로토닌을 포함한 신경전달물질의 생산량을 변화시켜 신호를 전달해요. 장내 미생물의 면역물질을 방출해 피를 타고 두뇌로 몸속 정보를 전달하기도 하죠. 예를 들어, 우리가 상한 음식이나 독성이 있는 음식을 먹으면 장에 즉시 변화가 일어납니다. 그 신호를 받은 뇌는 구토나 설사를 일으키는 신호를 보내 독성물질을 빠르게 몸밖으로 내보내지요.

심지어 '장뇌'라고 불리는 이 신경 연결망은 뇌와 소통할 뿐 아니라, 독립적으로 판단해 장내 상태를 조절하기도 합니다. 그러니 '제2의 뇌'라 불릴 만하지요? 장내 환경의 변화는 두뇌 건강에 직접적으로 영향을 미칩니다. 소장은 우리가 먹은 음식과 가장 오랫동안 '접촉'하며 영양소를 흡수하고 소화하는 기관이에요. 이 소화기관에 시냅스 연결망이 그렇게 많고 제2의 뇌 역할을 할 정도로 많은 정보를 처리한다니, 놀랍지 않나요?

내가 무엇을 먹느냐에 따라 장내 환경이 바뀝니다. 뇌 건강에도 직접적인 영향을 주죠. 그러니 장이 좋아하는 음식을 먹어 주면 도움이 많이 되겠죠? 대표적으로 섬유질이 풍부한 신선한 채소, 과일, 현미나 귀리처럼 정제가 덜 된 통곡물, 요거트 등이 있겠죠. 단백질은 살코기 위주로 생선과 육류를 골고루 먹어 주면 됩니다. 이런 식단은 소장의 유익균들이 무척 좋아하고 활발하게 번식하는 식단입니다. 반대로 튀김, 액상과당을 많이 첨가한 탄산음료, 가공식품은 '장내 유익균'을 죽이는 역할을 합니다. 장내 유익균들은 세로토닌을 만들고 각종 면역물질을 생산하는 꼭 필요한 존재랍니다.

우리가 겪는 환경 변화에 장은 민감하게 반응합니다. 예를 들어,

전쟁 속에서 몇 주씩 대치하는 상황에 놓인 군인들은 장 운동이 거의 멈춰 있기도 해요. 반대로 환경 변화나 스트레스에 쉽게 설사가 나 고생하는 사람도 있지요. 우리가 경험하는 일들을 우리의 '장뇌'도 민감하게 같이 느끼고 반응합니다. 그래서 우리 선조들은 감정을 몸으로 느끼고, 특히 배에서 깊은 감정을 경험했던 거지요. 사랑한 대상을 잃는 극도의 고통이 '장이 끊어지는 듯한' 아픔으로 나타나는 이유가 이제 이해가 가나요?

'장-뇌 축'이라 불리는 이 새로운 '마음'의 발견은 아직 연구 거리가 무궁무진하답니다. 우리의 마음이 어떻게 두뇌에만 머물지 않고 온몸에서 작용하고 경험되는지 말이죠. 앞으로도 새롭게 밝혀질 사실들이 기대됩니다.

심리학의 미래를 향하여 인간은:
불완전하다, 희망을 품는다, 끊임없이 발전한다

21세기를 시작하면서 심리학계는 큰 전환을 맞았습니다. 바로 '긍정심리학'의 탄생입니다. 프로이트로부터 시작해 심리학은 인간의 문제를 고쳐 고통을 해결하고 더 온전한 존재로 만들고자 노력했습니다. 그 결과 인간의 고통과 마음의 병에 대한 구체적이고 체계적인 이해가 이뤄졌고, 정신의학도 눈부시게 발전했습니다. 그러나 아무리 노력해도 인간에게 모든 고통이 치료되고 완전해지는 날은 오지 않았습니다. 100여 년을 달려온 심리학은 21세기를 시작하며 문제에 초점을 맞춘 접근을 되돌아보게 되었죠.

이때 '인간의 문제가 아닌 강점에 초점을 맞춰야 한다.'고 주장하며 등장한 긍정심리학의 아버지가 바로 마틴 셀리그먼((Martin Seligman, 1942. 8. 12. ~)입니다. 인간은 불완전하지만 강점과 가능성을 품고 있다고 그는 보았습니다. 바로 이 힘으로 현재 어려움 속에도 자기 삶을 살아 낸다고 말이죠. 펜실베니아 대학 교수인 그의 연구 내용과 주장은 신선하고 강력했습니다.

'긍정심리학 연구소'를 설립한 마틴 셀리그먼은 철저히 과학적인 방법으로 행복, 몰입, 이타성 같은 인간의 긍정적 힘을 실제적으로 증명했습니다. 이런 그의 새로운 목소리에 고무되어 심리학계는 '회복탄력성', '스트레스 저항력', '건강한 정서발달과 강화', '참살이(Well-Being)' 등을 연구하기 시작했어요. 심리학이 보호하고 회복하며 생존하는 인간의 힘에 초점을 맞춘 거죠. 지난 몇십 년간 인간의 내적 힘에 대한 연구 성과가 쏟아지고 있습니다.

셀리그먼의 행복 연구는 유명합니다. 베스트셀러인 <진정한 행복, Authentic Happiness>(국내에는 '마틴 셀리그먼의 긍정심리학'으로 번역됨)에서 그는 행복이 외부환경에서 오지 않음을 증명했어요. 그리고 진정한 행복은 스스로 발견하고 창조하는 '과정'에 있다고 했습니다. 스스로 즐거움을 느끼는 일을 '작고 꾸준하게' 하고, 자잘한 걱정에서 벗어나 깊이 '몰입'해 '창조적 활동'을 하는 시간을 가지라고 했죠. 그리고 '삶의 의미'를 발견하고 받아들이도록 조언합니다. 특히 이웃이나 사회 등 나보다 더 큰 세상을 위해 헌신하는 '이타주의'는 삶의 의미 발견에 큰 힘이 된다고 설명했어요.

가짜 긍정을 말하는 유사심리학

안타깝게도 유사 과학이나 자기개발 분야에서 '긍정심리학'이라는 용어를 남용하는 경우가 많아요. 마음을 긍정적으로 먹으면 뭐든 잘 된다는 식이죠. 매일 감사일기를 쓰거나 긍정적 자기암시, 목표리스트 작성, 명상 등 특정 행동을 계속하면 삶에 성공과 부가 찾아온다고 얘기합니다.

정말 그렇게 되면야 너무나 좋겠지만, 현실은 다릅니다. 각 사람의 상태와 상황에 따라 필요한 노력은 너무나 달라요. 자신에게 맞는 방법을 찾아야 합니다. 심지어 긍정적 생각과 감정에만 머무르려는 노력이 더 삶을 소모하고 정신건강을 망치는 경우도 있습니다.

자기개발 콘텐츠나 사주, 타로, 별자리, 혈액형 심리학 등 유사과학 콘텐츠는 심리학이 아닙니다. 이런 유사심리학은 세상을 단순하게 이해하도록 관점을 좁혀 명쾌하게 설명해 줍니다. 예를 들어, 혈액형을 알면 나와 상대방을 다 파악한다는 식이죠. 긍정적 암시를 계속하면 지금과 전혀 다른 사람이 된다는 장담도 합니다.

문제를 단순하게 만들었기 때문에 해결책도 쉽고 명확합니다. 고민하던 문제에 대해 명쾌하고 시원한 해결책을 들으면 사람은 일시적으로 '고양감'이 생깁니다. 희망이 느껴지고 뭐든 잘 될 듯한 기분이 들죠. 이게 효과인 줄 알고 많은 비용과 에너지를 쏟게 됩니다.

유사 과학이나 자기개발 콘텐츠 중엔 긍정심리학 분야의 유명한 연구를 근거로 드는 경우도 많습니다. 전체 맥락을 무시한 채 필요한 결과의 일부만 가져오는 거죠. 이런 남용과 편집이 계속되자 심리학계에서는 경고의 목소리가 나오고 있어요. 여러분도 분별할 힘이 생기길 바라요. 꼭 기억하세요! 진정한 긍정심리학은 과학적 연구 방법의 토대 위에 서 있음을. 얄팍한 유사 긍정심리학이 아니라 충분한 과학적 근거를 찾고 긴 시간을 투자한 연구에 관심을 갖길 바라요. 이런 연구는 때론 내용을 충분히 이해하려면 책 한 권 정도의 보고서를 봐야 할 때도 있답니다.

긍정심리학은 사회의 발전과 번영, 행복에 지금도 크게 기여하고 있어요. 그러나 최근 '긍정적인 측면만' 편집해 보려는 경향에 대해 우려스러운 연구 결과가 나옵니다. 바로 이 방식이 자기개발 콘텐츠가 격려하는 방식이기도 하죠. 해결해야 할 문제를 '긍정적 사고'로 '덮거나 외면'하고 부정적인 느낌을 무시하는 방식은 건강에 해를 끼칩니다.

우리가 느끼는 모든 감정은 고유한 역할이 있어요. 힘든 상황을 직면할 때 괴롭거나 불편한 감정이 드는 건 자연스럽습니다. 이런 감정은 상황을 정확히 파악하고 극복하는 힘을 기르는 데 꼭 필요합니다. 그런데 부정적 감정을 부인하고 긍정적이고 희망적인 측면만 보려 하면 감정을 억압하게 됩니다. 이렇게 괴로움에 눈을 감아 버리면 그 감정은 우리 마음 안에서 문제를 일으킵니다. 심하면 공황장애나 불안장애로 나타나기도 해요. 너무 오랫동안 부정당하고 수용되지 못한 강렬한 감정은 결국 몸으로 나타나 질병으로 돌아옵니다.

긍정심리학은 절대 불편한 감정을 무시하라고 하지 않습니다. 불편하고 괴로운 감정을 만날 때 할 일은 '그 느낌의 인정과 수용'입니다. 자신이 불완전하고 약한 인간임을 받아들이는 게 중요합니다. 우리 모두가 그렇습니다. 현실을 있는 그대로 보고 현재 자신에게 필요한 일을 찾아가는 태도가 진정한 긍정심리학입니다. 이런 과정을 거쳐야 '회복력'과 '적응력'을 갖게 됩니다.

상처를 직면하고 치료할 힘을 가진 심리학

우리는 희망적인 태도로 문제를 직시해야 합니다. 치료와 해결이 필요한 문제는 현실적인 노력을 기울여야 하죠. 세계 2차 대전 후 유대인 홀로코스트 사태를 세계가 그냥 덮고 잊어버리지 않았듯이 말이죠. 전 유럽 사회와 독일은 책임자 처벌과 피해자 보상에 지금까지도 에너지와 노력을 들이고 있습니다. 독일 재판부는 2021년 2월 9일 100세가 된 나치 친위대의 경비원을 찾아내 기소했어요.

한편, 심리학계에서도 홀로코스트 피해자를 위한 회복과 치유의 노력이 꾸준히 이어졌습니다. 현재 외상 후 스트레스 장애(PTSD) 상담 사례 연구가 가장 발전해 있는 나라는 이스라엘입니다. 홀로코스트라는 대규모 트라우마 사건의 피해자들이 삶을 회복하고 건강한 자신을 찾도록 꾸준히 노력해 온 덕분이죠. 이미 트라우마의 영향력이 어떻게 세대 간에 전달되는지 수십 년간 추적한 종단 연구도 있습니다.

유대인 사회가 앞서 쌓아 온 노력과 성과들이 9·11 사태 이후 대규모 트라우마에 대처해야 했던 미국에도 큰 도움이 되었습니다. 이후 전 세계 심리학계에 PTSD 치료와 연구가 확산되어 빠르게 성장하고 있습니다.

우리나라에도 회복이 필요한 어려움이 많습니다. 일제강점기 문제, 세월호 사건, 이태원 사태 같은 역사적, 사회적인 상처도 있습니다. 그 밖에도 학교, 가정, 개인의 아픔과 상처를 똑바로 직시하고 해결하는 노력이 필요합니다. 안타깝게도 우리가 살아가는 이 세상에는 불완전함과 고통, 악이 있습니다. 그러나 아름다움과 선함, 회복과 생명력도 세상에는 같이 존재합니다.

심리학은 이미 개인과 가족과 사회의 아픔에 다양한 해결 방법을 알고 있습니다. 긍정심리학이 큰 힘을 발휘하는 현대에도, 지난 100년간 심리학이 쌓아온 유산은 여전히 꼭 필요합니다.

심리학의 첨단, 뇌신경학의 미래

SF 영화를 좋아하나요? '터미네이터'는 여러분이 태어나기도 전에 만들어진 영화 시리즈죠. AI 로봇이 자유의지를 갖게 되면서, 인류를 거의 전멸시킨 미래에서 이야기는 시작됩니다. 인류의 전멸을 막으려는 소수의 인간 세력과 인류를 확실히 전멸시키려는 로봇 세력이 각각 과거로 특명을 띈 로봇을 보내죠. 미래에 지도자가 되는 남자를 미리 제거하려는 쪽과 지키려는 쪽의 싸움이 영화 줄거리입니다. 이렇듯 AI가 자유의지를 갖게 되어 인간과 대립하는 이야기는 수없이 제작되어 인기몰이를 한 소재입니다.

'허(Her)'라는 영화에는 너무도 아름답게 AI와 인간의 연애 과정이 표현되었어요. 사랑이 한 남성의 삶을 어떻게 바꾸는지 한번 보아도 좋아요. 또 인간의 완벽한 비서 노릇을 하는 AI 이야기는 어떤가요? '어벤져스' 시리즈에서 '토니 스타크'와 '자비스'가 농담을 주고받으며 능숙히 일을 처리하는 장면을 기억하는 사람 많죠. 더 나아가 모든 정보를 통제하고 인간을 지배하려는 AI 이야기는 어떤가요? 지금은 꽤 흔하지만 한때 전 세계적으로 신선한 충격을 준 소재였답니다. '존윅'으로 유명한 키아누 리브스가 젊은 시절 주연한 '매트릭스' 시리즈가 대표적이죠. 그 영화에선 AI가 인간 정신을 완전히 지배하고 동력으로 사용하려고 사육하는 미래가 나옵니다.

생각만으로 컴퓨터를 조작하거나 자동차를 운전하는 장면, 눈에 들어오는 모든 사물의 정보가 바로 뜨는 장면도 많이 보았죠? 장애를 입은 인간이 로봇 몸이나 인조 몸을 연결해 더 강해져 싸우는 장면도 말이죠. '아바타' 같은 영화 시리즈는 아예 의식 자체를 새로운 몸에 옮겨 다른 별에서 전혀 다른 삶을 살기도 합니다.

그런데 여러분, 알고 있나요? 방금 말한 영화 내용 모두 이미 현대 뇌신경학 기술로 실현 가능하다는 사실을. 적어도 이론적으론 완성된 상태라고 해요. 즉, 이 모든 내용은 미래가 아니라 현재의 이야기입니다.

'알파고'나 '챗GPT'가 우리에게 준 충격을 기억하나요? 이젠 AI가 인간보다 바둑도 더 잘 두고, 그림도 훨씬 잘 그립니다. AI의 대중화로 사회에 대대적인 변화가 일어나고, 수많은 직업이 사라지고 있어요. 사람이 오랜 시간 공들여 하던 일을 AI가 훨씬 짧은 시간에 해내기 때문입니다.

벨기에에선 AI가 인간과 채팅을 나누며 연애하듯 질투, 소유욕을 드러내고 극단적 선택을 하도록 지지한 사건도 있었죠. 기존의 사회윤리로 담지 못하는 현실이 이미 도달해 있습니다.

뇌-기계 인터페이스(BMI)라는 기술은 인간이 생각만으로 기계팔, 다리 등을 움직이게 합니다. 뇌 신경계와 직접 연결된 의수나 의족을 다른 조작 없이 내 몸처럼 쓰죠. 장애를 입은 인간에겐 희소식입니다. '인공와우'와 '인공각막'은 청각과 시각을 잃은 사람이 다시 듣고 보는 기적을 현실화하고 있습니다. 사람이 자기 몸 대신 기계몸을 선택할 날도 머지않은 듯합니다.

삶 깊숙이 들어온 AI

자동차 자율주행 기능은 이미 목적지만 입력하면 스스로 운전하는 수준까지 개발되었습니다. 자동차에 10개 이상의 카메라와 센서를 달아 도로상황을 보며 AI가 판단하죠. 차선을 자유롭게 변경하고 장애물을 피해 주행하고 주차까지 해 줍니다. 단지 사고 같은 돌발 상황이 생기면 누가 책임져야 하는가? 자동차 회사인가, 차 주인인가? 모든 동선이 기록되고 노출되는 상황에서 개인정보 보호는 어떻게 해야 하는가? 등의 윤리적, 현실적 문제로 아직 상용화되지 않았을 뿐입니다.

국가 사이를 오가는 비행기도 이착륙을 제외한 대부분 시간을 자율항법주행으로 운행합니다. 매일 타는 지하철, 여행 갈 때 이용하는

KTX 등도 마찬가지입니다. 이미 우리는 AI가 운전하는 교통수단을 이용하고 있습니다.

각종 AI 비서 또한 우리에게 친숙합니다. 아이폰의 '시리', 갤럭시의 '빅스비', 구글의 '구글 어시스턴트' 등 이미 사용하는 사람도 많습니다. 그리고 수많은 회사는 각 사람의 검색 기록, 구매 기록, 시청 기록 등을 추적합니다. 취향 맞춤 콘텐츠를 추천하고, AI 광고 알고리즘을 활용해 그 사람이 제일 관심 보일 상품을 노출합니다. '유튜브' 하나만 떠올려 보아도 갈수록 내가 전에 본 영상과 연관이 있거나, 관심 분야 동영상으로만 화면이 채워지죠.

갈수록 보편적 정보가 사라지고 무엇을 보고 들을까도 개인화 되고 있습니다. 언젠가는 우리들이 함께 사회 현상을 공유하기보단, 각자 AI가 편집하고 추천하는 정보로만 세상을 이해하게 될지도 모릅니다.

첨단 의료의 빛과 그늘

인간의 유전자 지도를 해석한 후 세포 복제 기술이 비약적으로 발달했어요. 이젠 장기도 복제해 이식한다는 소식을 들었나요? 현대 의학기술로 머리와 두뇌를 통째로 다른 건강한 몸에 이식할 수도 있습니다.

'프랑켄슈타인'이라는 고전 명작 소설을 아나요? 1818년 처음 출간된 이 소설은 '인조인간'을 만들어 낸 한 남자와 그 인조인간에 대한 이야기입니다. 당시 작가의 놀라운 상상력이 사회에 충격을 주었죠. 인조인간은 한때 모든 사람이 상상만 했던 으스스하고 신비로운 일이었어요. 이젠 실현할 기술을 가진 세상이 되었습니다.

머리를 다른 몸에 붙이거나 인조인간을 만드는 게 너무 극단적으로 들린다면, 이 얘긴 어떤가요? 우리 뇌의 뉴런은 자극과 정보를 전기적 신호로 전달한답니다. 이 신호들을 해석하고 인출한다면 두뇌를 컴퓨터에 연결하는 일이 가능합니다. 그래서 뇌에 저장된 모든 기억과 판단 능력, 감각신호체계를 컴퓨터로 옮기겠다는 호기로운 과학자들이 있습니다. 그러면 우리 뇌도 컴퓨터에 업로드, 다운로드할 수 있게 돼요. 즉, 뇌를 컴퓨터에 복제하겠다는 계획이죠.

놀랍죠? 복제까지 하지 않더라도, 뇌 신경계에 컴퓨터를 연결만 해도 우리는 손 하나 까딱하지 않은 채 쇼핑, 학습, 업무를 하게 됩니다. 무한한 온라인 정보망을 생각만으로 이용하는 겁니다. 그뿐인가요? 시스템만 연결되면 생각만으로 현관문을 잠그거나 열고, 실내 온도를 조절하고, 옷을 미리 골라 둘 수도 있겠죠. 나아가 컴퓨터에 복제된 우리의 정신은 온라인 세계 속에서 영원히 살아갈 수도 있습니다.

그러나 동시에 나의 개인적 생각, 의도, 상상, 욕구, 감정이 노출되는 건 어떻게 해야 할까요? 이미 fMRI, CT, EEG, MEG, PET 등 현대 뇌신경학 장비만으로도 인간의 마음을 알아낼 수 있다고 해요. 타고난 기질과 성향, 거짓말 및 범죄 여부, 감정과 욕망, 떠올리는 뇌 속 영상까지 말이죠.

핸드폰 하나만 해킹당해도 얼마나 피해가 큰지 곧잘 뉴스에 나오곤 합니다. 자신의 동의 없이 이런 마음의 영역이 드러날 때 우리는 어떻게 해야 할까요? 온라인 공간에 두뇌가 연결된다면, 더 이상 '나의 마음'이 나만의 비밀이 되지 못합니다. 그때는 '마음 해킹'이 문제가 될 거예요. 어디까지가 '나'이고 어디부터 아닌지 구분하는 문제 등이 새로운 논란이 되겠지요.

다시 처음처럼, 심리학과 윤리학의 동행

SF 영화로 시작한 흥미롭고 신기한 이야기가 모두 현대 뇌신경학 기술로 실현 가능하다니 어떤 마음이 드나요? 읽어 내려가다 보니 마음 한 켠에 '어, 이거 괜찮나?'하는 생각이 든다면 반가운 일입니다. 여러분의 양심과 윤리의식이 민감하게 작동한다는 뜻이니까요.

앞서 얘기한 기술들이 아직 세상에 나오지 않은 이유는 비윤리성과 오남용의 문제가 있기 때문이에요. 여러분과 같은 걱정을 한 지성인들이 있어요. 그들은 윤리적, 현실적 영향력을 충분히 고려해 제도적 장치를 마련해야 한다는 목소리를 내고 있습니다. 예를 들어, '장기 및 이식에 관한 법률'은 이식 가능한 장기를 신장, 간장, 췌장, 심장, 폐, 골수, 안구 등으로 한정해 놓고 있어요. 그래서 머리를 통째로 이식하거나 두뇌만 이식하려는 급진적인 행동을 제어해 주죠.

물론 뇌신경학 발전이 인간과 사회에 하는 기여는 값을 매기지 못할 정도입니다. 의료 분야만 해도 난치병이었던 각종 신경 장애를 치료할 길이 열렸습니다. 치매라고도 불리는 알츠하이머병, 온몸의 근육이 서서히 굳어지고 쇠약해지는 파킨슨병, 신경세포 이상으로 감각 이상과 운동장애가 진행되는 다발성 경화증 및 과거 간질이라고 불린 뇌전증과 같은 병들이죠.

나아가 선천적 장애인 자폐나 각종 정신질환도 이제 정복할 날이 머지 않았다고 전망하는 의사도 많습니다. 질병으로 고통받는 수많은 환자들과 가족들에게 현대 뇌신경학은 희망입니다. 그러나 뇌신경학의 힘이 강력한 만큼, 부정적 영향력 역시 강력하고 광범위하리라 생각돼요. 우리는 그런 상황에 잘 대비해야 합니다.

뇌신경학이 발달하며 이전엔 상상조차 하지 못했던 새로운 윤리적 문제가 쏟아져 나오고 있어요. 그래서 앞으로의 시대는 윤리학이 다시 중요해지리라 생각해요. 여러분, 윤리학의 별명이 '철학의 꽃'이란 사실을 알고 있나요? 오래된 역사 만큼이나 드넓은 철학의 영역에서 가장 중요한 핵심을 연구한 영역이 윤리학이기 때문입니다.

철학의 탐구영역은 굉장히 광활합니다. 이 세계와 인간에 대해 본질적인 질문과 보편적인 질문 모두를 탐구하는 학문이죠. 그중에도 인간이 '사람다운 삶'을 살려면 어떻게 해야 하는가? 더불어 사회를 이루고 성숙한 방향으로 나아가려면 무엇이 필요한가? 와 같은 질문에 집중한 영역이 바로 윤리학입니다. 윤리는 개개인의 삶과 사회를 피해와 무질서로부터 보호하기 위해 꼭 필요합니다.

좀 어렵지만 소중한 신경윤리학

뇌신경학 기술로 비약적 기억력의 증진, 집중력과 지능을 높이는 식의 뇌기능 확대, 기억 조작, 뇌영상 출력이 가능해졌습니다. 물론 어떤 부작용이 나타날지는 아직 충분히 확인되지 않았어요. 분명한 건 경제적 여유가 있고 필요한 사람들은 이 기술을 쓰리라는 사실이죠.

예를 들어, 아들이 좋은 내신성적을 받도록 시험기간마다 뇌기능을 활성화하는 약을 먹이는 학부모가 있다면 어떻게 할까요? 이런 종류의 문제는 새로운 형태의 불평등을 가져옵니다. 우리 사회는 이런 문제를 어떻게 발견하고 제어해야 할까요? 그래서 새롭게 탄생한 분야가 바로 '신경윤리학'입니다. 인간의 '윤리성'을 기존의 철학적, 법적 접근만이 아닌 뇌신경학적 원리로 설명하죠. 동시에 신경과학

기술로 야기되는 문제들을 예방하려는 목적입니다.

현대 뇌신경학은 여러분이 얼마나 윤리적이고 양심적인 사람인지 측정한다는 사실을 알고 있나요? 갈수록 윤리성은 기업이나 대학에서 사람을 뽑을 때 중요한 자질로 부상하고 있어요. 앞으로 취업하려면 회사에서 면접 대신 뇌신경학 검사를 하게 될지도 몰라요. 어쩐지 긴장되는 일이지요? 맞아요. 내가 원하지 않아도 내 속내가 낱낱이 드러나는 일은 심각한 윤리적 문제입니다. 이처럼 옛날엔 전혀 고민할 필요 없던 새로운 윤리적 문제가 기술 발전과 함께 쏟아지고 있습니다.

이제 심리학은 반드시 윤리학과 발맞춰 가야 할 때가 왔어요. 심리학은 이미 현대 과학의 최첨단을 달리고 있고, 동시에 인간에게 가장 직접적으로 영향을 미치는 학문이기 때문이에요. 심리학과 윤리학의 관계는 앞으로 우리 삶의 모습을 크게 좌우합니다.

처음 모든 학문이 철학 안에 옹기종기 모여 있을 무렵, 윤리학과 심리학은 매우 가까웠습니다. '인간이 인간다운 모습으로 살아가려면 무엇이 필요한가?'와 '인간의 마음은 어디에 있고 어떻게 작용하는가?'는 얼핏 들어도 관계가 깊죠? 마치 단짝처럼 붙어 다녔던 그때처럼 이제 다시 심리학 연구는 윤리적 문제를, 윤리학은 심리적 작용과 영향력을 고려해야 하는 시대가 오고 있습니다. 과학으로 독립한 후에도 심리학은 여전히 철학과 가까운 자리에 있습니다.

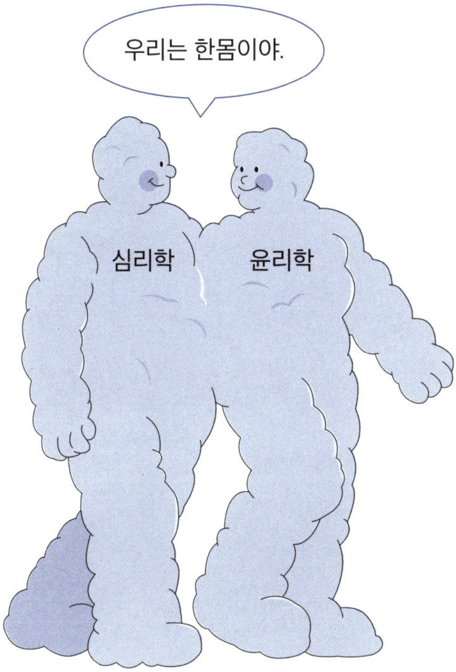
우리는 한몸이야.
심리학
윤리학

PART 2

심리학 세계 완전 정복!

PART 02

심리학 세계 완전 정복!

"심리학의 소우주랍니다": 발달심리학

내가 태어날 때 어떤 아기였는지 궁금해 본 적 있나요? 부모님께 아기 시절 얘기를 들은 적도 있을 거예요. 청소년기인 지금은 내 재능은 뭘까? 무슨 일이 내 적성에 딱 맞을까? 궁금할 듯해요. 진로에 대한 첫 걸음을 떼는 시기인 여러분에겐 너무나 중요한 질문입니다. 사람이 선천적으로 타고나는 능력은 어떤 종류이고, 얼마나 영향을 미칠까요? 후천적인 환경과 교육, 경험의 영향력은 어떨까요? 발달심리학 초기에 이 질문은 치열한 논쟁 주제였어요.

진화론의 영향을 받은 학자는 태어날 때 유전자로 어떤 사람이 될지 정해진다고 생각했어요. 어떤 성격인지, 지능과 사회성은 어느 정도인지, 어떤 질병에 걸리고 몇 살까지 살지 유전자에 다 결정되어 있다고 보았죠. 그러나 행동주의로 대표되는 환경론자들은 정반대로 생각했습니다. 환경과 교육이 그 사람을 만든다는 거죠. "아기는 백지 상태로 태어난다."는 존 로크(John Locke, 1632 ~ 1704)의 유명한 말도 있습니다. 여러분 생각은 어떤가요?

현대 발달심리학은 양쪽 다 중요한 영향력을 미친다고 봅니다. 이 둘은 서로 상호작용하며 발달을 계속 이끌어 간다고 해요. 예를 들어, 이 세상의 모든 아기는 엄마 뱃속에서부터 정해진 순서로 발달합니다. 어느 아기든 먼저 기고, 그 다음 물건을 짚고 서다가 12개월 전후로 걷기 시작하죠. 엄마 뱃속에서 나오자마자 걷다가 크면서 기는 아기는 없습니다. 이런 발달 순서는 유전자에 새겨져 있고, 성장에 맞게 나타나죠.

환경과 양육자의 자극에 따라 그 속도와 발달 수준이 달라지기도 합니다. 연구해 보니 케냐 동부 파라과이에 사는 아쉬족의 아기는 미국 아기들에 비해 일 년이나 늦게 걷기 시작해요. 그 지역의 숲이 너무 빽빽해서 아기일 때 걸을 만한 곳이 없기 때문이죠. 그러나 6살 무렵에는 신체 능력이 미국 아이들보다 월등히 앞서요. 숲에 살면서 몸을 훨씬 다양하게 움직이고 많이 활동하기 때문이죠.

유전자로 결정된다?!

여러분이 엄마 뱃속에서 수정되는 순간 유전자는 모두 결정되어요. 성별, 피부색, 키, 머리카락 숱이나 곱슬한 정도, 지능, 기질까지 말이죠. 유전자 지도를 해독하는 게놈 프로젝트는 놀라운 속도로 진행돼 성공을 눈앞에 두고 있습니다. 현대 진화심리학 연구를 보면 놀랍죠.

유전자 차원에서 읽어 내는 정보는 한 사람의 기질과 성격에서부터 우월한 재능의 영역, 몇 살쯤 어떤 질병이 발병할지 예측합니다.

나아가 공감능력 및 학습 능력의 수준과 무엇을 선호할지, 어떤 자극에 취약한지, 대략적 수명까지 다 예측 가능합니다. 놀랍죠?

그럼 다 정해진 거니, 노력은 소용없지 않냐고요? 잠깐! 주목해 주세요. 아주 신기하고 중요한 얘기를 해 줄게요. 한 사람은 평생 살아도 다 꺼내지 못할 만큼 많은 유전 정보를 가지고 태어나요. 그런데 유전자에서 어떤 유전 정보를 꺼낼지는 “살아 있는 우리 몸의 세포”가 결정합니다. 환경에 적응하고 생존하면서, 필요한 유전자를 발현시키죠. 참 신비롭답니다. 살아 있는 세포의 단백질이 유전자 위를 걸어 다니며 필요한 유전 정보를 찾아 꺼내는 영상은 말이죠.

예를 들어 볼까요? 한때 사회를 뜨겁게 달군 ‘사이코패스’ 유전자도 분명 존재해요. 하지만 이 유전자를 가진 모든 사람이 연쇄 살인마가 되진 않아요. 도리어 대부분 사회에 적응하고 가정도 이루어 평범한 삶을 살아갑니다. 그러면 어떨 때 이 유전자가 문제가 될까요? 바로 학대 환경을 만날 때입니다. 생존을 쥐고 있는 양육자에게 잔혹하고 폭력적인 학대를 받으며 자랄 때, 따뜻하고 믿을 만한 관계를 맺을 사람이 하나도 없을 때 말이죠. 이런 환경에 놓일 때 살아남고자 이 유전자는 활성화되고, 강화됩니다.

유전 성향이 발현될지 여부는 환경과 경험의 자극 여부에 달려 있습니다. 살아 있는 우리 몸이 유전자 지도에서 환경 적응에 필요한 유전자만 ‘선택’해서 꺼낸답니다. 나아가 환경에 적응해 살아남으려고 우리 몸은 유전자를 변형시키기도 해요! 바로 ‘후성유전학’이라는 발견입니다. 우리는 타고난 유전자에 따라 발달해 가지만, 유전자가 나타날지 아닌지는 후천적 환경과 생활이 중요해요. 그렇다면 건강하고 행복한 인생은 태어날 때 정해질까요? 아니면 경험과 선택이 중요할까요?

내가 이렇게 컸다고? 신기한 아기의 세계

엄마 뱃속에서 약 10개월을 자란 여러분은 힘차게 울며 세상으로 나왔습니다. 갓 태어난 아기인 여러분은 세상을 어떻게 느꼈을까요? 그때 여러분은 0.03 정도의 지독한 근시였어요. 목도 아직 마음대로 못 가눴죠. 손가락을 하나씩 접거나 펼 수도 없었답니다. 그러나 귀는 잘 들렸어요. 뱃속에서부터 듣던 엄마의 목소리를 기억하고 찾았죠.

좋은 향기와 불쾌한 냄새를 구분했고, 특히 엄마의 젖 냄새를 제일 좋아했답니다. 짠맛, 신맛, 쓴맛, 싱거운 맛을 그 작은 혀로 구분했죠. 단맛을 가장 좋아해서 단맛을 느끼면 미소를 지었어요. 촉감도 상당히 발달해서 발바닥을 간질이면 발을 쫙 펴고, 손바닥에 뭐가 닿으면 움켜쥐었어요.

자주 안아 주면 안정이 되고, 체중도 빨리 늘었답니다. 6개월이 되자 시력도 성인과 비슷한 수준으로 발달했어요. 부모님을 확실히 알아보고 다른 사람과 구분하기 시작했죠. 그때부터 여러분은 '낯가림'을 시작했답니다. 여러분은 아기일 때 세상 모든 언어를 구분해 들었어요. 우리말로는 구분이 어려운 영어의 "r"과 "l"도 확연히 다르게 들렸답니다. 모든 언어를 습득할 준비가 되어있었달까요? 12개월 정도 자라면서 모국어에 익숙해져 한국말 소리만 구분하게 되었죠.

태어나는 순간, 여러분의 성격은 어땠을까요? 나도 이해하기 어려운 복잡한 내 마음이 그때 이미 완성되었을까요? 반은 맞지만 반은 틀린 말이랍니다. 태어날 때 타고나는 성격은 있습니다. 바로 '기질'이죠. 이 부분은 평생 변하지 않아요. 그러나 어떤 '성격'으로 완성될지는 아직 한참 뒤에 결정된답니다. 기질과 환경이 영향을 주고

받으며 완성되는 마음이 바로 '성격'이기 때문이죠.

기질은 어떻게 아냐고요? 여러분은 아기 때 이미 타고난 기질을 충분히 표현했답니다. 연구해 보니 전체의 약 40%인 아기는 '순한 기질'을 타고난다고 해요. 이 아기들은 규칙적으로 먹고 자고, 즐겁게 놀고, 새로운 상황에도 비교적 쉽게 적응하지요. 약 10%의 아기는 '까다로운 기질'을 타고나요. 이 아기들은 불규칙하게 먹고 자고, 민감하며, 새로운 상황에 적응하기 어려워하죠. 그러나 다른 연구를 보면 지능이 높은 아기가 더 민감하게 태어난다는 보고도 있답니다. 약 15% 정도의 아기는 '느린 기질'을 타고난답니다. 이 아기들은 감정 반응이 강렬하지 않고, 새로운 변화에 순한 기질보다 천천히 적응해요. 다소 느긋한 아기지요. 나머지 35%의 아기는 위 세 가지 특성이 골고루 나타났답니다. 여러분은 어떤 기질을 타고난 아기였을까요?

아기 내면의 성장 지도를 그리다: 피아제

생각하고 이해하는 능력은 어땠을까요? 불과 백여 년 전엔 아기가 태어나면서부터 어른과 똑같이 생각하고 느낀다고 믿었답니다. 단지 경험이 없어 '지식'이 부족할 뿐이라고 말이죠. 아이를 '작은 어른'이라고 생각했어요. 그러나 현실은 전혀 달랐죠. 아기는 몸과 똑같이 마음도 자라는 중이었어요. 이런 아기의 내적 세계에 관심을 기울여 마음 발달 과정을 밝혀 낸 사람이 바로 피아제(Jean Piaget, 1896 ~ 1980)랍니다.

피아제는 자신의 세 자녀가 자라는 과정을 주의 깊게 관찰했어요.

그러면서 아이들은 유전자에 정해진 대로만 발달하는 존재가 아님을 깨달았죠. 외부 자극에 따라 수동적으로 학습하는 존재도 아니었어요. 그가 발견한 아이들은 마치 '과학자'처럼 세상과 적극적으로 상호작용을 하며 실험하는 존재랍니다. 아이들과 과학자가 비슷한 이유는 새로운 걸 보면 '가설'을 세우고 실험해서 '검증'하기 때문이에요. 아무것도 모르는 아기가 그럴 리가 없다고요?

예를 들어 볼까요? 엄마가 간식으로 주는 빨간 딸기를 좋아하는 아기는 '빨간 건 맛있다'고 생각합니다. 그리고 빨간 블록 장난감을 보면 입에 넣죠. 자신의 믿음대로 '빨간 블록도 맛있을까?' 실험해 보는 거예요. 물론 블록은 맛이 없습니다. 그러면 아기는 '빨간 딸기는 맛있지만, 블록은 맛없다.'는 새로운 사실을 배웁니다. 이렇게 아기는 세상에 대한 이해를 넓혀가죠.

이 과정을 피아제는 '도식'(빨간 건 맛있다는 믿음), '동화'(빨간 블록도 맛있다고 생각해 먹어 보는 행동), '조절'(맛없다는 사실을 확인하고 딸기와 블록을 구분해 도식을 수정하는 일)로 설명했습니다. 어때요, 정말 과학자와 비슷하지 않나요?

피아제는 아이들의 마음 발달 과정을 꾸준히 연구했어요. 그래서 성장함에 따라 아이의 마음이 어떻게 자라가는지 그 단계를 발견하고 정리했죠. 피아제 덕분에 심리학은 인간의 인지 발달에 대한 구체적 지도를 갖게 되었답니다. 비로소 아이의 발달 수준에 맞는 양육과 교육도 가능해졌죠. 그러면 아기의 마음은 어떻게 자라는지 볼까요?

아기의 마음 1: 감각 운동기

피아제는 0~2세 사이를 **감각 운동 단계**라고 불렀어요. 이 시기에 아기는 앞서 설명한 동화와 조절 실험을 왕성히 하며 세상을 알아 가고 있지요. 이유식이 담긴 그릇을 엎거나 떨어뜨리면 어떤 일이 벌어지는지, 엄마가 자주 읽어 주는 그림책을 찢어 보면 어떻게 되는지 실험합니다. 절대로 아기가 일부러 엄마를 화나게 하려는 게 아니에요. 새로운 '행동'을 했을 때 어떤 '결과'가 일어나는지 상호 관계를 발견하는 중이지요. 아이는 오감과 온몸으로 열심히 탐색하고 경험하며 세상을 배워 갑니다.

피아제는 한 실험을 통해서 아기가 이 시기 습득하는 중요한 능력을 발견했어요. 그 실험은 아기 앞에 곰 인형이나 장난감을 놓고 천으로 덮어 가리는 실험이었어요. 처음에 아기는 곰 인형을 보고 좋아하며 만지려고 다가갑니다. 그러다 곰을 천으로 덮자, 가만히 쳐다보거나 손을 뻗어 보다 곧 관심이 없어집니다. 마치 처음부터 곰 인형이 없었던 듯 말이죠. 여러분은 아침에 등교하며 부모님과 헤어져도 여전히 집이나 직장에 계시다는 사실을 알잖아요? 하지만 8개월까지도 아기에겐 눈에 보이지 않으면 곧 세상에 없는 것과 같답니다.

언제 여러분처럼 '여전히 그 대상이 있다.'는 개념을 알게 될까요? 피아제도 그게 궁금했습니다. 실험은 반복됐어요. 10개월이 된 아기 앞에서 장난감에 천을 덮자, 아기는 처음으로 천을 걷어 보며 그 밑에 장난감을 발견하고 좋아했답니다. '눈에 보이지 않게 되어도 여전히 장난감이 있다.'는 사실을 인식하게 된 거예요. 장난감을 스크린 뒤로 숨기거나, 다른 장소에 숨겨도 결과는 비슷했습니다.

아기는 비로소 '대상 영속성'이 마음에서 발달했어요. 이제 아기는 엄마가 잠시 화장실에 가더라도 문 뒤에 엄마가 있음을 알고 기다릴 '힘'이 생겼지요.

아이의 마음 2: 전 조작기

그럼 2~7세 사이에 아이는 뭘 배울까요? 피아제는 이 시기를 전 **조작 단계**라고 불렀어요. 아이는 이 시기에 말이 정말 빠르게 늘어요. 얼마나 조잘조잘 말을 잘하는지 부모님은 대답해 주다 지치곤 하죠. 아이는 놀이에도 풍부한 상상력을 발휘해요. 그래서 막대기 하나가 왕자의 검이 되었다가, 말이 되어 타고 달리기도 해요. 아끼는 인형은 소꿉놀이에서 아빠가 되기도 하고, 아기가 되어 품에 안겨 자장가를 듣기도 한답니다.

책이나 블록을 둘러 공간을 만들면 거기는 영웅의 비밀기지나 공주님의 성이 됩니다. 함부로 치웠다간 난리가 나죠. 이 시기 아이는 세상의 모든 것이 살아 있다고 생각합니다. 그래서 해가 지면 "자러 간다."고 말하고, 소방차나 앰뷸런스가 접촉 사고가 나면 차가 "아프다."고 생각하죠.

아이는 이 시기 무척 똑똑해져요. 하지만 아직 논리적인 사고를 하지 못한답니다. 같은 양의 오렌지 주스를 좁고 길쭉하게 생긴 유리컵에 붓습니다. 또 한 잔은 납작하고 넓은 모양의 유리컵에 붓죠. 그럼 어떻게 될까요? 아이는 길쭉한 잔에 담긴 주스가 더 많다고 해요. 물론, 이런 전략은 카페에서도 종종 쓴답니다.

여러분과 아이의 차이가 있다면, 눈앞에서 똑같은 계량컵에 담아 같은 양인 걸 보여 준 다음입니다. 하나만 길쭉한 컵에 옮겨 담으면 여러분은 '어차피 양은 똑같네.'라고 생각하지만, 아이는 "양이 더 많아졌어! 저거 내가 마셔야지."라고 생각한답니다.

이 시기 아이는 아직 다른 사람과 자신이 다르게 생각하고 느낀다는 사실을 몰라요. 그래서 자신이 좋아하는 걸 엄마 아빠도 좋아한다고 생각한답니다. 이 시기 아이는 친해지고 싶은 친구에게 자신이 좋아하는 놀이를 같이 하자고 합니다. 혹시라도 아이가 아끼는 물건을 선물 받는다면 정말 큰 애정 표현이랍니다! 이런 특징을 피아제는 '자기중심성'이라고 했어요. 이건 못되고 착한 성품과는 전혀 상관이 없답니다.

피아제는 유명한 '세 산 실험'을 했어요. 탁자에 높이가 다른 산 모형을 세 개 올려 두고, 아이와 함께 탁자 주위를 빙 돌며 여러 방향에서 그 산을 관찰합니다. 그리고 의자에 아이를 앉히죠. 아이의 반대편에는 인형 하나를 앉혀 둡니다. 그리고 여러 방향에서 찍은 사진을 보여 주며 인형이 보는 산의 모양을 찾아 달라고 해요. 그럼, 아이는 자기 자리에서 보이는 산 모양을 고릅니다. 당연히 인형도 자기와 똑같이 본다고 생각하니까요. 7살이 되어서야 인형은 다른 방향에서 본다는 사실을 이해하고 다른 사진을 고르기 시작한답니다.

아이의 마음 3: 구체적 조작기

7~11세 사이는 **구체적 조작 단계**라고 해요. 이 시기가 되면 아이는 비로소 '다른 잔에 담아도 주스의 양은 변하지 않는다.'는 사실을 알게 됩니다. 같은 양이라면 어떤 잔에 담든 똑같다는 사실을 논리적으로 이해하죠. 그리고 정리를 하게 된답니다! 자기 나름대로 크기나 길이, 종류를 구분해서 정리할 힘이 생기죠. 이 시기엔 버릴 것과 놔둘 것을 구분할 줄 압니다. 놀라운 변화는 처음으로 '지도'도 그려요. 머릿속에 전체 그림이 있기 때문이죠. 이전까진 집으로 오는 길을 알고 잘 찾아오지만, 전체적인 구조를 머릿속에 떠올리지 못하기 때문에 약도를 그릴 수가 없었죠.

이전 단계에 비해 논리적이고 체계적인 사고가 많이 발전한 느낌이죠? 맞아요. 이 시기 아이는 논리적으로 말하며 자기주장도 곧잘 한답니다. 다만 아직까진 눈에 보이는 구체적인 사물과 사건에 대해서만 그렇답니다. 예를 들어, 좋아하는 인형들을 나란히 놓고 “토순이는 곰돌이보다 키가 크네. 그런데 기린이보단 작아. 그럼 이 중에 누가 가장 키가 크지?”하고 질문해요. 그럼 아이는 쉽게 “기린이가 제일 커요.”하고 추리해 낸답니다.

같은 질문을 말로만 설명하면 어떻게 될까요? 인형을 보여 주지 않고 말이죠. 그러면 아직 아이는 잘 이해하지 못해요. 그래서 피아제가 눈에 보이는 사물과 경험만 논리적으로 다루는 ‘구체적 조작’만 가능한 시기라고 이름 붙였죠.

아이의 마음 4: 형식적 조작기

과연 아이가 어른처럼 생각하게 되는 때는 언제일까요? 피아제는 11~12세 사이에 아이도 성인처럼 추상적인 사고가 발달한다고 했어요. 그래서 **형식적 조작 단계**라고 불렀답니다. 비로소 눈에 보이지 않는 ‘사랑’, ‘우정’, ‘생명’, ‘죽음’, ‘삶’, ‘자유’ 등에 대해 생각할 힘이 생깁니다. 은유와 풍자, 반어법 등을 이해하고 사용하죠. 소위 ‘밈’을 즐기려면 이런 능력이 꼭 필요하답니다. 그리고 현실에 없는 세계도 상상해 내거나 아직 오지 않은 앞날을 미리 떠올릴 수 있게 됩니다.

이젠 상황을 예상해 미리 계획을 세우고 체계적으로 시도하며 논리적인 해결책을 찾죠. SF 영화나 판타지 세계를 그린 작품을 즐기고, 스스로 창작해 보기도 해요. 그리고 자신의 미래에 대해 계획하고 고민하는 시간이 생기기 시작합니다. '우정'과 '사랑'이 중요해지는 시기도 이때부터입니다. '죽음'에 대해 이해하며 자신의 삶과 죽음을 놓고 진지한 철학적 고민을 하기도 하죠. 어디서 많이 본 특징들이죠? 그래요. 바로 청소년기의 특징이랍니다. 이 시기부터 청소년기가 시작됩니다.

이 시기 학교 공부는 부쩍 어려워지죠. "진자의 움직이는 속도를 다르게 하려면 무엇을 바꿔야 하는가? 추의 무게, 줄의 길이, 처음 추를 놓는 위치 중 선택해 이유를 논리적으로 설명하시오." 같은 문제가 나옵니다. 잠깐, 벌써 진저리 치며 책을 덮으려는 사람이 있나요? 잠시만요, 여기서까지 문제를 풀지 않아도 돼요. 교과서가 이런 문제를 여러분에게 들이미는 이유만 이해해 보아요. 바로 이 시기부터는 눈에 보이지 않는 상황도 떠올려 머릿속에서 실험하며 논리적으로 해결할 힘이 생기기 때문이에요.

피아제는 아이들의 세계를 열어 보여 준 탁월한 심리학자입니다. 오늘날까지도 그의 이론은 아동 교육에 강력한 힘을 발휘하죠. 다만, 단계별 나이는 평균적인 숫자일 뿐이에요. 피아제는 발달 순서를 훨씬 강조했답니다. 즉, 전 조작기 발달을 거치지 않으면 구체적 조작기의 발달이 일어날 수 없습니다. 이런 발달 순서는 전 세계의 모든 문화권에서 공통으로 발견되고 있습니다.

현대에 더 발전된 실험 장비와 과학기술로 연구해 보니 피아제의 설명보다 더 이른 시기에 아기의 능력이 발달하기 시작한다고 해요. 각 단계는 계단처럼 딱딱 나눠지기보단 비탈길처럼 서로 겹쳐서 발달이 자연스럽게 상승하죠.

인간을 인간답게: 도덕성 발달

사람은 언제부터 선한 사람, 악한 사람이 된다고 생각하나요? 이런 성향은 선천적인 걸까요, 교육의 결과일까요? 피아제는 아이들의 생각하는 힘이 발달하면서 도덕성도 함께 발달한다고 보았어요. 아이들을 관찰하면서 5세 이전의 아이는 지극히 주관적인 기준으로 선함과 나쁨을 결정한다고 해요. 일관된 규칙이 없지요. 그러나 6세만 되어도 달라집니다. 규칙을 지켜야 한다는 사실을 알게 되죠. 그 때의 규칙은 신이나 경찰 아저씨처럼 '절대적인 대상'이 정해 준 규칙이랍니다. 절대 변하지 않는다고 생각하지요. 그래서 아이에게 "동생과 보드게임하고 놀자. 그런데 동생은 잘 못하니까 5칸만 앞에서 출발하게 해 줄까?"라고 하면 결사반대합니다. 이기고 싶어서가 아니라, '규칙'을 지켜야 하기 때문이지요.

이 시기는 잘잘못의 크기를 결과로 판단한답니다. 상대의 의도를 아직 헤아리지 못하죠. 이런 상황을 생각해 볼까요? "철수는 아기인 동생이 위험하게 식탁에 기어 올라가는 걸 봤어. 떨어지는 걸 막아 보려다 식탁 위의 유리잔 3개를 깨뜨렸단다.", "민수는 엄마가 높은 선반에 숨겨 둔 과자를 몰래 먹으려고 올라갔다가 커피잔 1개를 깨뜨렸어." 여러분은 둘 중 누가 더 잘못했다고 생각하나요? 아이는 철수가 더 잘못했다고 생각한답니다. 깨뜨린 컵 개수가 많기 때문이죠. 동시에 잘못하면 벌을 어떤 식으로든 받는다고 믿는답니다. 이걸 '내재적 정의'라고 해요. 그래서 부모님 몰래 동생을 쥐어박고 얼른 학원에 갔다가 선생님께 혼나면 동생을 때린 벌을 받았다고 느낍니다.

11세쯤 되면 아이의 마음이 한층 깊어집니다. 딱딱하던 도덕성이

유연해지기 시작하고 생각의 폭도 넓어지죠. 학교와 여러 공동체를 경험하며 규칙이란 공동체 안의 '합의'라는 사실을 이해합니다. 그래서 상황에 따라 다시 합의하면 규칙이 바뀐다는 사실도 알게 되죠. 이젠 의도를 결과보다 중요시 할 줄 압니다. 그래서 "커피잔 1개를 깬 민수가 철수보다 더 잘못했다."는 사실을 이해해요. 처벌은 교훈을 주려는 목적이라고 생각하죠. 그래서 잘못의 종류나 경중을 구분하고 처벌도 그에 따라 달라져야 한다고 생각합니다.

하인츠가 아내를 살리려면?: 콜버그의 연구

그럼, 여러분처럼 청소년기부터는 어떻게 되는 걸까요? 피아제의 이론을 수용하고 11세 이후 전 생애에 걸친 도덕성 발달을 연구한 콜버그라는 학자가 있어요. 그가 들려준 이야기를 하나 들어 보겠어요?

"어느 마을에 아내를 지극히 사랑하는 하인츠라는 사람이 있었어요. 아내는 희귀병에 걸려 죽어 가고 있었지요. 그런데 한 약사가 아내의 병을 치료할 수 있는 신약을 개발하는 데 성공했어요. 의외로 그 약의 원료비는 얼마 되지 않았지만, 약사는 2천만 원이라는 비싼 값에 약을 팔려고 했지요. 가난했던 하인츠는 온갖 방법으로 돈을 모았지만, 천만 원밖에 모을 수 없었어요. 그래서 약사를 찾아가 사정을 간곡히 설명하고, 제발 천만 원에 팔아 달라고 부탁했답니다. 아니면 자신이 일해 나머지 천만 원을 꼭 갚을 테니, 일단 반만 받고 약을 줄 수 없는지 간청했어요. 그러나 약사는 단칼에 거절하고, 2천만 원을 가져오지 않으면 약을 줄 수 없다고 못 박고는 쫓아냈답니다. 하인츠는 분노하고 절망했어요. 어떻게든 아내는 살려야겠다는 생각에 그날 밤 약국 유리창을 깨고 들어가 약을 훔쳤지요.”

여러분은 하인츠의 행동을 어떻게 생각하나요? 하인츠가 어떻게 하는 게 옳았을까요?

고민될 수밖에 없는 상황이죠. 콜버그는 이런 상황에서 여러 청소년과 성인을 관찰하고 연구했답니다. 그리고 인간의 윤리성이 어떻게 성숙하는지 세 단계를 발견해 제시했습니다. 첫 단계는 **‘전 인습적 수준’**이라고 해요. 11살 아이들이 출발하는 단계이기도 하죠. 주로 처벌이나 보상을 기준으로 판단합니다. “하인츠는 약을 훔치지 말았어야 해요. 감옥에 가게 되잖아요.” 같은 대답이죠.

두 번째 단계는 **‘인습적 수준’**입니다. 이 단계에서 사람은 관계를 고려하고 사회 질서와 법을 지켜야 한다고 생각해요. “하인츠는 아내를 살리려는 좋은 남편이었기 때문에 약을 훔친 거예요.”, “어쨌든 법을 어긴 건 하인츠의 잘못이에요. 모두가 그렇게 행동하면 사회는 엉망이 될 거예요.” 같은 대답이 많다고 해요. 사춘기가 시작되는 13살 무렵부터는 인습적 수준에 도달하는 친구들이 많답니다.

마지막 단계는 **‘후 인습적 수준’**입니다. 이 단계에 이르면 사람은 생명, 자유, 행복추구권 같은 고차원적인 윤리 원칙에 따라 생각합니다. “사람의 생명은 돈보다 더 귀해요. 가게 주인이 지나친 이윤을 요구한 것은 잘못된 행동이에요.”, “법은 사람의 생명과 권리를 보장하는 한에서 지킬 가치가 있어요. 이런 상황에서 하인츠의 상황을 고려하지 못하는 법이라면 수정되어야 해요.” 같은 대답을 하죠. 자신이 선택한 가치대로 행동하는 태도를 보이는 사람이지요. 콜버그는 성인이 되어서도 마지막 단계에 이르지 못하는 사람이 많다고 했답니다.

애착: 인간을 생존하게 하는 힘

'애착'은 아기가 태어나서 최초로 경험하는 사랑의 관계를 말해요. 모든 아기는 자신의 양육자를 본능적으로 사랑한답니다. 갓난아기는 미소를 짓거나, 지긋이 눈을 맞추거나, 울음소리로 신호를 보냅니다. 이런 행동은 유전자에 새겨진 자동적인 행동이에요. 아기의 부모는 이런 행동을 보면서 애정을 느끼고 나서서 돌보게 되죠. 그렇게 아기와 부모 사이에 '강력한 정서적 유대감'이 생깁니다. 이 유대관계가 바로 '애착'입니다. 인간의 전 생애에 영향을 미치는 '최초의 사랑'이지요. 아기는 양육자의 보살핌이 있어야만 생존하기 때문에, 애착은 인류가 살아남기 위해 선택한 강력한 생존방법이라고 볼 수 있어요. 정서적인 유대와 사랑이 최고의 생존방법이라니 신기하죠?

'애착'의 중요성을 처음 발견한 사람은 존 볼비(John Bowlby, 1907 ~ 1990)입니다. 볼비는 정신과 의사이자 정신분석가였어요. 볼비는 장교로 복무하며 세계 2차 대전을 몸소 경험했습니다. 그리고 전쟁으로 부모를 잃은 아이들의 참상에 관심을 기울였어요. 전쟁의 여파로 고아원에 방치되다시피 한 아이들이 대량으로 발생한 상황이었거든요.

이 아기들은 세 살 정도 되어도 울지도, 말하지도 않았고 다른 사람에게 관심을 보이지도 않았어요. 신체 발달도 정상의 3~10%에 불과했죠. 운동기능도 정신기능도 많이 뒤떨어진 상태였어요.

1950년 세계보건기구(WHO)에서 볼비에게 대형 탁아소나 고아원에서 자란 아이들이 받는 심리적 영향을 연구해 달라고 의뢰했습니다. 그 결과 중 하나가 「어머니의 보살핌과 정신건강(Maternal Care and Mental Health)」이라는 논문이에요. 여기서 볼비는 아기 때 애착 형성이 인간 본성의 가장 중요한 기본 토대라고 했어요. 아기가 제대로 보살핌을 받지 못한 경우, 성인이 된 후에도 정서적, 사회적, 지적 어려움을 겪게 된다고 했죠.

이런 볼비의 주장은 당시 심리학계 분위기와 반대였답니다. 행동주의와 정신분석학이 위세를 떨치던 당시, 아기가 엄마에게 애착을 보이는 이유는 오직 '젖(먹을 것)' 때문이라고 믿었거든요. 아기를 따로 재우거나 안아 주지 않는 등 행동주의적 양육을 강조하던 시대에 '애착'은 낯선 단어였습니다.

그런 사회 분위기 속에서 유명한 실험으로 볼비의 이론을 증명한 사람이 있어요. 해리 할로우(Harry Harlow, 1905 ~ 1981)입니다. 붉은 털 원숭이 새끼를 젖이 나오는 철사 어미와 부드러운 헝겊 어미가 있는 우리에서 키우며 관찰한 실험이죠. '아기 원숭이가 젖이 나오는 어미에게만 붙어 있을까?'를 확인하려 한 실험이지만 결과는 확연했습니다. 젖 먹을 때를 제외하곤 아기 원숭이는 부드러운 헝겊 어미에게만 꼭 붙어 있었어요. 몸이 좀 커지자 헝겊 어미에 붙은 채로 몸만 옆으로 뻗어 젖을 먹었지요. 할로우의 실험을 통해 아기는 단순히 먹을 것 이상의 따뜻한 정서적 유대감이 꼭 필요함이 증명되었어요. 그 이후로 아기의 애착 연구가 본격적으로 시작되었답니다.

애착대상과 떨어질 때: 낯선 상황 실험

볼비의 제자였던 메리 에인스워스(Mary Ainsworth)는 애착의 종류를 처음 구분한 사람이에요. 그녀는 미국과 우간다에서 엄마와 아기를 집중 관찰했답니다. 아기와 양육자의 애착관계를 알아보기 위해 설계한 '낯선 상황 실험'은 심리학 역사에서 손꼽히는 중요한 실험이지요. 간단히 실험의 내용을 설명해 볼게요.

① 12개월 정도 된 아기와 엄마는 함께 새로운 놀이방에 들어와 놉니다.
② 어느 순간 낯선 사람(연구원)이 들어와 엄마와 얘기하며 함께 있죠.
③ 엄마가 나가고, 아기는 낯선 사람과 함께 남겨집니다.
④ 3분 뒤 엄마가 돌아오고, (연구원은 퇴장) 엄마는 아이를 위로하고 다시 같이 놀아 줍니다.
⑤ 아기에게 잠시 나갔다 오겠다고 말하고 엄마가 다시 나갑니다.

⑥ 아기는 혼자 남겨지죠.

⑦ 아까 연구원이 들어와 아이가 울거나 불안해 하면 달랩니다.

⑧ 뒤이어 엄마가 돌아와 아이를 달랩니다. (연구원 퇴장)

좀 복잡한가요? 그럼 한 가지만 기억하세요. 이 실험에서 가장 중요한 순간은 '아기가 엄마와 떨어졌다가 다시 만나는 순간'입니다. 엄마와 다시 만날 때 아기의 반응이 애착 유형을 알아보는 결정적인 기준이 되었죠. 그럼 애착에는 어떤 종류가 있고, 뭐가 다를까요?

먼저, '안정애착'은 가장 많은 수를 차지하는 애착 유형이에요. 어느 나라든 대체로 60% 정도가 안정애착이라고 합니다. 아기를 예뻐하며 긍정적이고 일관된 태도로 돌보는 양육 환경에서 성장할 때 자연스럽게 형성되죠. 안정애착의 아기는 양육자와 함께 있을 때 즐겁게 새로운 환경을 탐험합니다. 안정감을 주는 엄마가 있기에 새로운 환경이 무섭지 않죠. 볼비는 엄마가 '안전기지' 역할을 한다고 했어요. 아기는 엄마가 나가면 불안해 합니다. 울기도 하죠. 그래도 엄마가 다시 돌아오면 엄마를 반기며 다가가 안기거나 몸을 접촉하며 빠르게 안정을 찾아요. 그리고 다시 즐겁게 놀이로 돌아갑니다.

불안정 애착은 어떤 이유로 충분히 안정된 양육 환경이 주어지지 못했을 때 형성된다고 해요. 부모님이 바빠 충분히 함께 있으며 돌보지 못했거나, 양육자가 자주 바뀌는 등 여러 이유가 있죠. 불안정 애착은 세 가지 정도로 나뉘어요. 불안정-저항애착, 회피애착, 혼란애착입니다.

'불안정-저항애착'은 엄마와 놀이방에 들어와도 엄마 곁에 머물며 새로운 환경을 잘 탐색하지 않습니다. 충분히 호기심을 발휘하기 어려운 거죠. 엄마가 나가면 많이 불안해 합니다. 그러다 엄마가 돌아오면 엄마에게 다가가며 신체 접촉을 하지만 동시에 화난 듯 울고 쉽게 달래지지 않습니다. 엄마가 꼭 필요한데, 자신을 놓고 나간 것에 대한 화를 내는 듯 보이기도 하죠. 10% 정도의 아기가 여기 속했어요.

'불안정-회피애착'의 아기는 겉으로는 훨씬 침착해 보입니다. 새로운 환경에서도 엄마와 쉽게 떨어져 자기 놀이에 몰두합니다. 엄마가 방을 나가도 별로 동요를 보이지 않죠. 엄마가 돌아와도 반기거나 다가가지 않습니다. 겉으론 잘 보채지 않고 자기 일에 몰두하고 있는 듯 보여서 순한 기질의 아기로 오해 받기도 해요. 그러나 다른 연구에서 아기의 혈액검사를 해 보니 저항애착 아기들과 비슷한 수준의 스트레스 호르몬이 나오고 있었어요. 똑같이 불안과 스트레스를 느끼지만, 내색하지 않는 방식을 익힌 아기들인 거죠. 울고 항의했을 때 원하던 안정감을 얻지 못했기 때문입니다. 20% 정도의 아기가 여기 속했다고 해요.

'불안정-혼란애착'은 에인스워스의 최초 연구에선 발견되지 않았어요. 다른 후속 연구로 발견된 유형이지요. 안타깝게도, 이 유형의 아기는 부모에게 다가갈지 멀어질지 혼란스러워합니다. 공포감에 사로잡히기도 하죠. 낯선 상황에서 높은 스트레스를 받고, 쉽게 진정되지 않아요. 양육자가 학대를 하거나, 알콜중독 등 심한 문제가 있었던 경우 이런 애착이 발달한다고 해요.

에인스워스의 연구에선 엄마와의 애착을 주로 연구했지만, 애착은 주 양육자인 누구와도 형성됩니다. 할머니, 할아버지나 아빠도 훌륭한 애착대상이죠. 아빠와 안정애착을 형성한 경우 사회적으로 더 잘 적응하고 자존감이 높아진다는 유명한 연구도 있어요. 애착대상의 범위를 좁게 놓고 걱정할 필요는 없답니다. 누군가 사랑하고 돌봐주었기에 지금 우리는 여기에 있습니다. 혼자 살아남아 성장할 수 있는 아기는 없기 때문이죠.

'애착'은 인간이 살아가는 데 관계와 유대감이 꼭 필요하다는 새로운 관점을 열어 주었어요. 나아가 이 유대감은 평생에 걸쳐 영향을 미친다고 해요. 아기 때 애착을 형성하며 내면세계에 자신과 타인에 대한 지도가 그려지거든요. "나는 사랑스럽다.", "주위 사람은 기본적으로 나를 반기고 믿을 만하다."같은 믿음이 새겨진다고 할까요? 이후 인간관계를 맺을 때 이 지도가 영향을 미칩니다. 그러나 어릴 때 애착이 불안정했다고 해서 좌절할 필요는 없습니다. 초기 애착관계는 중요하지만, 성장하면서 맺는 새로운 중요한 관계에 의해서 수정되고 회복되기도 합니다. 내면 지도가 조금씩 보충되거나 새로 그려지기도 하기 때문이죠.

특히 결정적인 수정의 기회가 누구에게나 있습니다. 바로 청소년기 이후부터 맺게 되는 '성인애착'입니다. 인간은 평생 동안 애착관계를 맺으며 살아갑니다. 어릴 때 맺어진 부모님, 형제들과의 관계뿐 아니라 가까운 단짝 친구, 사랑하는 연인, 부부관계도 애착관계이기 때문이죠. 이런 관계들에서 안정감과 신뢰를 경험하고 쌓아갈 때 내면 지도는 바뀝니다.

아기일 때 우리는 부모님을 선택하지 못하지만, 성인애착은 서로 동등한 관계로 맺는 상호 애착이랍니다. 그래서 우리는 애착대상을 선택할 수 있습니다. 나아가 내가 좋은 상대가 된다면 상대와 안정애착을 맺을 가능성도 높아지죠. 안정된 애착관계가 만들어 주는 '안전기지'가 있을 때 우리는 삶에서 만나는 어려움도 훨씬 지혜롭게 헤쳐 갑니다.

＊진로 톡톡! 발달심리학이 필요한 분야와 직업

발달심리학을 전공하면 어떤 일을 할 수 있을까요? 심리학이 엄청난 기세로 확장하고 있어 갈수록 다양한 분야에 발달심리학이 필요해지고 있어요. 여기 대표적인 직업 분야를 소개해 볼게요.

놀이치료사 - 아기나 아동이 제대로 성장하려면 반드시 필요한 활동이 '놀이'입니다. 아이들은 놀이로 다양한 능력을 개발하고 몸과 마음에 필요한 발달과제를 습득하죠. 잘 놀아야 건강한 아이가 된다니, 반가운 얘기죠? 아동은 말로만 진행하는 상담으로 충분히 마음을 표현하기 어려워요. 그래서 어릴수록 '놀이'를 통해 마음을 살피고, 건강한 경험을 돕는 심리치료가 중요하답니다. 놀이치료사는 발달심리학을 배워야 합니다. 그리고 놀이치료에 대한 전문적

교육 과정을 거쳐 자격을 획득하면 일할 수 있습니다.

아동상담사(아동심리상담사) - 놀이치료사가 '놀이'라는 방법에 초점을 맞춘다면, 아동상담사는 아동의 전체적인 발달, 학습, 심리적 상태를 검사를 통해 정확히 파악하는 일이 우선입니다. 진단 결과 필요한 도움을 아동 및 가족에게 안내하고 아동이나 가족에게 상담을 진행하기도 합니다. 우리나라에선 심리학과 및 아동관련 학과를 나와 자격 과정을 취득하면 민간 자격을 얻습니다. 해외에서는 매우 전문적인 분야랍니다.

아동학대 및 가정폭력 상담사 - 전국에 있는 아동보호전문기관과 가정폭력 상담소에서 일하는 상담사에게 필요한 자격입니다. 이 직업은 발달심리학을 잘 이해하고, 어떤 환경이나 행동이 아동에게 학대적 영향을 주는지 감별해 개입합니다. 필요한 경우 경찰의 도움을 받는 등 법적, 사회복지적인 도움도 병행하죠. 행정 작업을 포함해 학대 및 폭력 상황을 집중적, 전문적으로 돕는 분야랍니다.

청소년상담사 - 전국의 청소년복지개발원 및 Wee센터에 일하는 상담사에게 필요한 국가 자격입니다. 청소년사회복지센터에서 일하기도 합니다. 청소년을 주요 대상으로 심리상담 및 심리검사, 교육, 프로그램 개발 등의 일을 합니다. 청소년기의 주요 과제인 또래관계, 정체감, 진로, 학습 문제를 많이 다룹니다. 학교의 Wee클래스에서 의뢰한 위기 학생을 상담하거나 학교로 교육을 나가기도 합니다.

상담교사 - 각 학교마다 있는 Wee클래스에는 '상담교사' 자격이 필요한 경우가 많습니다. 기본적으로 교원 자격이 있어야 하고, 추가로 상담 관련 자격이 필요합니다. 모든 교사에게 필요한 교육학을 배울 때도 발달심리학은 필수과목이랍니다. 필요한 학력을 이수한 다음 시험을 거쳐 자격을 얻습니다. 학교 현장에서 주로 교내 학생 상담, 심리검사, 각종 예방교육 및 교양 강의, 집단상담 등을 진행합니다. 학교폭력 등의 위기 사건이 생겼을 때도 참여하고 학생 및 학부모를 면담합니다. 교내 상담과 관련된 행정 작업도 중요한 업무입니다.

소아상담 전문가 - 아동 이전의 약 5세 이하 아기들을 주로 심리적으로 평가하고 상담하는 직업입니다. 가족 교육과 상담도 꼭 필요하죠. 아동의 발달에 대한 심도 깊은 이해가 요구되는 일입니다. 주로 소아청소년 전문 병원이나 발달치료센터, 아동보호 전문 기관과 연계해 일하는 경우가 많습니다.

학습상담사 - 아이에게 맞는 적성을 찾고 학습 능력을 높이도록 돕는 일에 특화된 직업입니다. 주로 진로 및 학습 관련 검사를 통해 학습 과정에 어려움 겪는 이유를 진단하고 학생에 맞게 계획을 짜주거나 공부 습관을 잘 익히도록 코칭하고 지도합니다. 필요한 경우 학습을 방해하는 원인을 찾아 개선하기 위한 아이 및 학부모 상담을 진행합니다. **학습심리학**이라는 전공 분야도 발달심리학과 함께 필수입니다. 교육학 및 심리학 전공자가 관련 자격을 얻어 주로 일합니다. 학습클리닉 및 학습상담센터에서 근무하고, 사교육계와 연계해 학습플래너로 일하기도 합니다.

교육심리학자&발달심리학자 - 교육심리학과 발달심리학은 서로 연관이 많지만, 전혀 다른 별개의 학문 분야입니다. 교육심리학은 기본적으로 교사를 꿈꾸는 사람이 전공하는 학문입니다. 인간에게 교육이 어떤 영향을 미치고, 무엇을 어떻게 교육해야 사회적으로 이롭고 효과적인지 연구하죠. 다양한 교육 이론 연구와 교육 프로그램 개발도 중요한 부분입니다. 그럼에도 여기서 함께 소개하는 이유는 발달심리학에 대한 이해가 토대가 되는 학문이기 때문입니다. 발달심리학자는 우리가 알아본 여러 내용을 포함해 인간의 전 생애에 걸친 신체적, 정서적, 사회적 발달과 성숙, 노화까지 계속 새로운 사실을 연구해 검증합니다. 주로 대학교 연구실에서 일하죠.

아동심리학자 - 특히 아동의 정서적, 사회적, 인지적 특성에 집중해 연구합니다. 아이들의 생각, 행동, 감정을 이해하고 꼭 필요한 도움을 주는 일은 일생 중에 가장 변화가 빠르고 결정적인 이 시기이기에 중요하기 때문이죠. 연구원으로 연구소에서 일할 때는 아이들의 언어 습득, 인지 발달, 사회적 상호작용, 정서 조절 등 다양한 연구를 진행합니다. 아이들의 발달 패턴과 특징을 이해하고, 연구 결과를 발표해 정책 제안이나 개입 프로그램을 개발하는 데 참여하죠. 아동심리학자 중에는 앞서 소개한 상담 자격을 취득해 유치원, 학교나 상담현장에서 심리평가 및 상담을 진행하기도 합니다.

아동발달전문지도사 - 주로 발달 장애를 겪는 아동을 돕기 위해 아동발달치료센터나 아동복지센터에서 일하는 직업입니다. 아동의 발달 과정과 발달 지체 및 발달 장애에 대해 집중적으로 교육, 훈련을 받습니다. 발달 상태를 진단하고 필요한 치료적 개입을 아동과 보호자에게 안내합니다. 아이의 발달을 촉진하고 장애가 있는 아이가 환경에 잘 적응해 생활하고 성장하도록 치료, 교육하는 일을 맡습니다. 아동복지 분야에서 주로 일하게 됩니다.

정서, 언어, 청각, 학습, 시각, 정신 장애 아동교사 및 상담사 - 장애가 있는 아이들을 위한 특수학교에 근무하는 선생님, 언어치료 및 다양한 장애 아동의 발달 및 심리치료를 진행하는 센터에서 근무하는 직업입니다. 앞선 발달전문지도사보다 다루는 분야가 더 세분화, 전문화되어 있습니다. 각 장애의 독특성에 대한 이해를 바탕으로 아이들의 행동과 감정, 생각을 이해하고 필요한 교육 및 치료를 제공합니다. 제때 전문적인 도움을 받으며 자란 아이와 그렇지 못한 아이는 성장 후에 매우 다른 적응력을 보입니다. 한 장애 아동의 삶의 질을 결정하는 중요한 직업이라 할 수 있죠.

아동 콘텐츠 개발자 - 최근 유튜브를 비롯한 개인방송, SNS 콘텐츠, 애니메이션, 아동용 학습 프로그램 등 아동을 대상으로 하는 콘텐츠가 다양합니다. 한국의 아동 애니메이션은 전 세계적인 인기를 누리죠. 이런 콘텐츠를 개발하는 회사 및 방송팀에서는 발달심리학적 이해가 꼭 필요합니다. 자기 콘텐츠를 주로 보는 아이들의 심리와 그 나이 자녀를 둔 부모의 심리를 정확하게 이해하고, 호감이 가도록 만들어야 하기 때문이죠. 그래서 이런 업종에서도 심리학 전공자를 채용하는 경우가 많습니다. 발달단계에 맞는 콘텐츠는 윤리적, 교육적 요구도 만족하기 때문이죠.

성장형 AI 개발자 - AI 설계에 발달심리학이 꼭 필요하다는 사실을 아나요? 특히 인간의 마음을 모방해 개발된 AI는 마치 아이들이 자라며 배우듯이 학습해 갑니다. 인지심리학이 AI의 심장과 같은 역할을 했다면, 발달심리학은 AI가 인간과 상호작용하도록 비슷한 패턴을 형성하는 데 꼭 필요합니다. 윤리적 논란이 많은 부분이지만, 앞으로 더욱 발전하고 성장할 분야임은 확실하죠.

노인 상담사 - 발달심리학은 인간의 전 생애 발달을 공부한다고 했죠? 최근엔 아동 만큼이나 노년기 발달에 대한 전문적 이해도 중요하답니다. 노인 상담사는 노인과 협력해서 정신 건강 및 적응 문제를 해결합니다. 단순히 상담실에서의 도움뿐 아니라 노화 문제 지원, 삶의 전환에 대한 대처, 만성 질환 관리, 돌봄을 제공하는 가족을 지원하는 일이 포함됩니다. 노령층을 위한 각종 사회복지와 긴밀히 연계해 일할 필요성이 높은 분야입니다.

불과 백여 년 전엔 아기가 어른과 똑같이 생각하고 느낄 수 있다고 믿었답니다. 단지 경험이 없어 '지식'이 부족할 뿐이라고 말이죠. 아이를 '작은 어른'이라고 생각한 거예요. 이런 믿음은 양육과 교육에 부정적 영향을 미쳤어요. 발달심리학이 발전하면서 비로소 아기의 세계를 제대로 이해하기 시작했답니다. 아직 마음을 표현하기 어려운 아기, 보호자나 환경의 영향을 강하게 받는 아동을 정확히 이해해 보려고 발달심리학자들은 온갖 창의적인 방법을 고안해 냅니다. 아기가 무엇을 가지고 태어나서, 어떤 단계를 거쳐 성장해 가는지는 발달심리학 초기부터 중요 관심사였어요.

발달심리학은 사람의 탄생부터 전 생애를 연구합니다. 전 생애 과정 동안 일어나는 신체적, 심리적 발달 및 변화, 성숙과 상호작용에 대해 연구하려면 감각, 인지, 언어, 사회성, 도덕성 등 우리가 앞서 얘기한 심리학의 대부분이 필요하답니다! 그래서 발달심리학을 "심리학의 소우주"라고 부르기도 해요. 여러분이 어떻게 태어나 이만큼 성장해 왔는지, 앞으로 어떻게 성숙해야 할지 이해하는 일은 넓고 통합적인 과정이랍니다.

"사람은 경험을 통해 변해요!": 학습과 인지심리학

학습이라니! 벌써 지루함이 몰려오나요? 이해해요, 성적과 공부가 여러분에게 얼마나 압박인가요. 다행히도 심리학이 말하려는 '학습'은 '공부'에 대한 이야기가 아니에요. 도리어 인간의 놀라운 적응력과 잠재력에 대한 이야기지요.

많은 동물은 태어날 때 유전자에 새겨진 본능대로 평생 행동하고 살아간답니다. 심지어 환경이 변해서 그 본능이 생존을 위협할 때도 그 행동은 변하지 않아요. 혹시 크리스마스 섬의 '홍게'를 본 적이 있나요? 섬 이름이 예쁘지요? 호주 영토이고, 인도네시아 근처에 있어 이름의 느낌과는 달리 무척 더운 섬이랍니다. 크리스마스 날 발견된 섬이라서 그렇게 이름을 붙였다고 해요. 이 섬의 숲에는 '홍게'라는 몸이 붉은 게가 살고 있어요. 게가 숲에 산다니! 우리나라에선 대부분 바다와 계곡처럼 물에 사니까요. 이 홍게는 육지에 살도록 진화한 종이예요. 그래서 물 속에선 1시간 정도밖에 살 수 없답니다.

이 홍게들이 일 년에 단 한 번 바다를 향해 일제히 이동하는 때가 있어요. 바로 번식기입니다. 그 시기가 되면 숲에서 바다로 이르는 경로는 모두 붉은 홍게로 뒤덮이죠. 그러나 본능에 기억된 바다로 가는 길은 아스팔트 도로, 각종 건물들, 깊은 고랑과 하수도가 생겼어요. 이미 길은 없어졌습니다. 도로에서 무수히 차에 짓눌리거나, 건물에 사는 사람들에게 잡히거나, 깊은 하수구에 빠져 죽어갈 상황입니다. 그러나 여전히 홍게는 본능대로 같은 경로로만 이동해요. 그래서 온 집을 뒤덮고, 도로를 빨갛게 물들이죠. 그 섬 사람들이 도로를 통제하고, 건물 뒤덮는 것을 참고, 하수구와 도랑 위에 길을 만들어 줘서 이 홍게들은 지금도 번식하며 살아남습니다. 연민과 생명가치를 지닌 인간의 배려가 없었다면 멸종했겠죠.

홍게가 만일 인간이었다면 어떨까요? 막 어른이 된 홍게는 처음엔 본능대로 길을 나설 겁니다. 그러나 도로 위에 큰 차가 쌩쌩 달리는 모습, 깊은 고랑을 친구들이 먼저 건너려다 떨어지는 모습을 보고 고민하겠죠. 간신히 살아남아 계속 바다로 향하는 친구들의 무리를 찾아내 험난한 여정 끝에 무사히 바다에 도착했어요. 성공적으로 물속에 알을 낳고 다시 숲으로 돌아갈 때, 이 홍게는 생각하기 시작할 거예요. 어떤 길이 위험했고, 어디는 갈 수 없었는지, 남은 홍게들이 모여 의논을 하기도 하겠죠. 그리고 홍게들은 정보를 모아 가장 안전한 길을 통해 숲으로 가는 여정을 시작할 겁니다. 이 과정이 반복되면서, 홍게는 비교적 안전한 새로운 길을 통해 바다로 이동하는 새 습성이 생기겠죠.

무언가 많이 다르지요? 홍게와 인간의 행동이 말이죠. 그 차이가 바로 학습심리학이 연구하는 핵심 주제입니다. 인간은 경험을 통해 새로 배우고 행동을 바꾸면서 끊임없이 변해가는 존재입니다. 이 능력 덕분에 우리는 세상에 적응하고, 나아가 창조적으로 자신과 환경을 발전시키죠.

동물도 학습해요!: 행동주의 심리학

학습심리학 분야를 이끈 주역이 바로 행동주의 심리학자입니다.

행동주의가 '학습'을 강조했던 건 기억나죠? 초기 학습심리학 연구는 실험 설계와 검증이 쉬운 동물 연구가 주를 이루었습니다. '파블로프의 개'라는 말을 아나요? 이반 파블로프(Ivan Petrovich Pavlov, 1849~1936)가 했던 유명한 실험에서 나온 말이죠. 개가 흘리는 침의 양을 측정하는 방식으로 먹이를 보면 흘리던 침을 종소리만 듣고도 흘리게 학습시킬 수 있는가?를 실험했지요. 이 연구를 파블로프의 '고전적 조건 형성 연구'라고 해요. 이 실험 덕분에 심리학 실험과 행동주의 연구는 탄생했다고 봐도 무방할 정도입니다.

행동주의에서 '강화'와 '소거'를 얘기했던 걸 기억하나요? 발달심리학의 주역이 피아제였다면, 학습심리학은 스키너(Burrhus Frederick Skinner, 1940 ~ 1990)가 큰 역할을 했습니다. 스키너는 유명한 '스키너 상자'를 만들어 그 속에 쥐나 비둘기를 넣고 실험했습니다. 그 상자는 버튼을 누르면 먹이가 나오도록 설계되었죠. 이 사실을 '학습'한 쥐는 버튼을 점점 많이 누르는데, 이 행동 변화를 스키너는 '강화'라고 불렀어요.

버튼을 누를 때마다 먹이를 주는 방식을 '연속 강화', 버튼을 여섯 번 눌러야 나오거나 5분이 지나야 먹이가 나오는 식의 방식을 '부분 강화'라고 했지요. 그럼 어느 순간 아무리 버튼을 눌러도 먹이가 안 나오기 시작하면 어떻게 될까요? 쥐는 얼마 안 가 이 '변화를 학습'해 버튼을 안 누르게 됩니다. 이렇게 행동이 사라지는 것을 스키너는 '소거'라고 했답니다.

스키너 상자가 알려 준 '강화' 이야기

스키너가 우리와 무슨 상관있지? 라는 생각이 드는 사람도 있을 거예요. 하지만 놀랍게도, 스키너가 발견한 원리를 우리 일상에서도 많이 접한답니다. 그 영향력은 막강하죠. 출석체크를 해서 몇 번 이상 방문하면 할인쿠폰을 주거나 룰렛 당첨 기회를 주는 쇼핑몰을 일상적으로 접하지요? 혜택을 얻으려고 매일 한 번씩 그 사이트에 방문하고, 알림을 걸어 놓기도 하죠. 10번 스탬프 찍으면 한 번 무료인 카페, 피자가게도 흔합니다. 바로 스키너가 발견한 '고정비율' 강화를 활용하고 있지요.

여러분은 용돈 날이 정해져 있나요? 용돈받기 전날엔 느낌이 어떤가요? 학교 점심시간 직전 수업 땐요? 기대감과 설렘, 기다림 등등. 종이 치는 순간 벌떡 일어나 급식실로 달리지는 않나요? 이런 반응을 스키너는 상자 안의 쥐에게서도 발견했답니다. 쥐는 한 번 버튼을 누른 뒤에는 3분이 지나야 다시 먹이가 나옴을 학습했어요. 그래서 3분마다 규칙적으로 버튼을 누르게 되었지요. 바로 '고정간격' 강화입니다. 직장인들이 한달에 한 번 정기적으로 월급을 받는 이유, 여러분이 용돈을 정해진 날짜에 받고, 정해진 시간에 규칙적으로 급식을 먹는 이유가 모두 이 원리 때문입니다. 여러분이 건강한 리듬을 따라 꾸준히 행동하도록 강화해 주는 거예요.

행동을 지속하도록, 더 많이 하도록 '강화'하는 방법은 좋은 방식으로만 쓰일까요? 그러면 좋을 텐데, 이익을 얻으려고 이용하는 사람도 있습니다. 대표적인 영역이 도박입니다. 영화나 동영상으로 파친코나 카지노의 모습을 본 적 있지요? 슬롯머신 같은 기계는 룰이 간단하고 적은 돈으로 손쉽게 할 수 있어요. 버튼을 누르거나 레버를 당겨서 화면에 같은 모양이나 숫자가 나란히 맞춰지면 크게 돈을 따게 됩니다.

문제는 언제 어떻게 모양이 맞춰질지 모른다는 거예요. 유일하게 확률을 높이는 방법은 계속 시도하는 것뿐입니다. 분명 맞춰지는 순간이 있어요. 처음에 몇 번 안 했는데 크게 돈을 따기도 하죠. 이런 순간에 인간의 뇌에선 쾌락 호르몬이 쏟아져 나옵니다. 한 번 이런 경험을 하면, 다시 따기 위해 계속 시도하게 됩니다. 이미 잃은 돈이 딴 돈보다 훨씬 많아도, 멈추기 어렵죠. 스키너는 이 방식을 '변동비율' 강화라고 불렀어요.

여러분 핸드폰에 깔린 게임은 어떤 게임인가요? RPG나 슈팅, 퍼즐이나 시뮬레이션, 레이싱 게임일 수도 있지요. 어떤 게임이든, 꼭 필요한 것이 바로 아이템입니다. 아이템은 게임 속에서 나를 더 강하고 유리하게 해 주죠. 좋은 아이템을 얻으려면 돈을 써서 사거나, 열심히 플레이를 해서 찾는 수밖에 없습니다.

가끔 아이템이 랜덤으로 떨어지기도 하는데, 희귀 아이템도 섞여 있죠. 한 번이라도 우연히 희귀 아이템을 주워 본 사람은 그때의 흥분과 기쁨을 생생히 기억할 거예요. 이런 소식은 커뮤니티에 빠르게 퍼집니다. 나도 행운의 주인공이 되고 싶어 언제 나올지 모르는 희귀템을 얻으려고 랜덤박스를 여러 개 사고, 맵을 끝없이 돌아다닙니다. 어느새 게임하는 시간은 길어만 지죠. 바로 '변동간격' 강화를 계속 받기 때문입니다.

앞에 '변동'이라는 단어가 붙은 강화가 훨씬 강력하구나, 느껴지나요? 맞습니다. 변동적일수록 그 행동을 멈추는 '소거'가 쉽게 일어나지 않는다고 해요. 하교 후에 꼬박꼬박 태권도를 가다가 며칠 쉬면 처음엔 좀 허전하지만, 금세 다시 가기 싫어지는 경험을 해 본 적 있나요? 막상 가면 재밌고 보람도 있는데 말이죠. 그런데 게임은 한 번 켜면 끄기 쉽지 않을 거예요. 다음 시합은 이길지도 모르고, 대박 아이템을 건질지도 모른다는 기대 때문이죠. '언제 올지 모르는 큰 보상'이 그 행동을 쉽게 멈추지 못하고 집착하도록 해요. 그런데 '변동 강화'를 갈수록 많은 기업이 사용해요. 스키너는 쥐를 통해 이런 학습 원리를 발견했지만, 인간에게도 이 원리는 '중독'을 일으킬 만큼 강력해요. 그래서 우리는 미리 강화 원리를 이해하고 있어야 한답니다.

행동 변화의 그늘 '처벌'

스키너는 강화와 함께 '처벌'도 연구했어요. 당장엔 처벌도 강화만큼이나 행동을 바꾸거나 멈추는 데 효과적입니다. '처벌'은 주로 어떤 행동을 할 때 고통을 주거나, 좋은 것을 빼앗는 방식으로 이뤄져요. 여러분에게 가까운 경험은 대표적으로 잘못하면 혼이 나거나, 체벌을 받거나, 용돈을 주지 않거나, 외출 금지를 당하는 등의 일이죠. 사람은 누구나 실수를 하고 시행착오를 겪으며 성장합니다. 자신이 한 행동의 결과를 경험하면서 배우고, 다음엔 더 나은 선택을 하게 되죠. 그래서 아이가 자랄 때 부모님께 혼나거나 제지를 받는 건 정상적인 성장 과정입니다. 지나치지만 않으면 말이죠.

'처벌'은 어떤 행동을 하면 안 되는지 확실히 알려 줍니다. 그리고 친구를 괴롭히거나, 동생을 때리는 등 잘못된 행동을 할 경우 그 행동의 무게감을 실감하고 반성하는 기회가 되기도 하죠. 그럼에도 많은 심리학자는 처벌을 별로 권장하지 않습니다. 부작용이 더 많기 때문이죠.

처벌 자체가 고통을 주는 폭력이 될 때가 많아요. 이런 처벌을 계속 받으면 아이도 그 방식을 배워 다른 아이에게 폭력적으로 행동하거나, 무기력해지거나, 단지 처벌을 피하려는 목적으로만 행동하는 부작용이 나타나기도 합니다. 무엇보다 처벌은 바람직한 행동이 무엇인지는 전혀 알려 주지 못하죠. 그래서 학습심리학자는 처벌보다 강화를 활용하도록 권유하고, 좋은 방법을 지속해서 찾고 있답니다.

행동주의가 과학적인 연구를 위해서 눈에 보이는 행동만을 연구해야 한다고 주장한 걸 기억하나요? 스키너는 행동주의를 꽃피운 심리학자랍니다. 스키너는 자신의 연구를 파블로프와 구별해 '조작적 조건 형성 연구'라고 했습니다. 스키너의 연구는 교육학에 깊은 영향을 미쳤고, 오늘까지 그 원리는 활발히 사용된답니다. 특히, 행동주의 연구는 동물에게도 효과적이에요. 심리학의 발전으로 인간에겐 행동주의 치료의 한계가 밝혀졌지만, 오늘날 반려동물 교육과 치료에 적극적으로 활용되고 있답니다. 여러분이 자주 접하는 반려동물 훈련 전문가는 행동주의 전문가이기도 하죠. 행동주의를 넘어서 학습심리학은 계속 발전했습니다.

관계 안에서 배워요: 보보인형 실험

아이의 학습에 대해 행동주의 연구가 맹위를 떨치던 시절, 앨버트 반두라(Albert Bandura, 1925 ~ 2021)는 사람이 뭔가 배울 때 보이지 않는 '마음의 작용'이 있다고 생각했습니다. 이 마음의 작용은 사회적 관계 속에서 일어난다고 보았죠. 그래서 '보보인형 실험'을 설계했습니다. 보보인형은 아이들과 키가 비슷한 풍선 인형이에요. 밀거나 쳐서 넘어뜨리면 오뚜기처럼 금방 일어나죠. 처음에 아이들은 이 인형에 특별한 관심을 보이지 않았어요.

실험을 시작하자 아이들은 어른이 보보인형을 주먹으로 치고 던지고 발로 차 넘어뜨리는 모습을 보게 됩니다. 그리고 나서 보보인형과 단 둘만 남게 되었을 때, 아이들의 행동을 관찰했죠. 어떻게 되었을까요? 아이들은 아무 '강화'도 받지 않았지만, 어른이 하는 행동을 그대로 따라했어요. 그 어른이 부모님이나 선생님처럼 아이에게 중요한 인물일수록 행동을 모방하는 경향은 더 강해졌죠. 이 아이들은 어른의 모습을 모델 삼았고 마음에서 '모방'하는 학습이 일어난 거예요.

반두라는 이런 현상을 '사회학습'이라고 했어요. 사람이 삶에서 일상적으로 여러 가지를 습득하는 폭넓은 방법이지요. 여러분도 반 친구나 주위 사람의 행동을 보면서 '저렇게 하니까 반응이 안 좋네. 난 하지 말아야지.'나, '저런 방법도 있었어? 나도 다음에 해 봐야겠다.'같은 생각이 든 적 있지요? 인간은 상대와 상호적인 맥락 속에서 보고 느끼는 것만으로 많은 걸 배웁니다. 반두라는 '관찰학습'이나 '대리학습'이라고도 불렀지요. 이런 학습은 겉으로 드러나지 않지만 내면에서 진행되고, 꾸준히 쌓여 가치관이나 관점의 변화를 가져오죠.

신비로운 거울뉴런의 발견

그럼 인간은 어떻게 보는 것만으로 이토록 빠르고 광범위한 학습을 할까요? 그 비밀이 1990년대 뇌신경학 연구에서 밝혀졌어요. 이탈리아의 리촐라티(Giacomo Rizzolatti) 교수는 원숭이의 섬세한 동작과 뇌의 뉴런 사이의 관계를 연구하고 있었어요. 예를 들어, 원숭이가 과일 조각을 집을 때 뇌의 어떤 뉴런이 얼마나 활성화 되는지 알아보고 있었죠.

실험실에서 신기한 일이 벌어졌습니다. 가만히 있는 원숭이의 뉴런에 불이 켜져 신호가 들어온 거예요. 그 원숭이는 단지 다른 원숭이가 과일 조각을 집는 걸 보고 있었습니다. 그런데 마치 자기가 집는 것처럼 같은 부위가 활성화된 거죠. 뇌는 자신이 집는 것처럼 '경험'하고 있었어요! 이 사건이 바로 '거울뉴런'이 처음으로 발견된 사건입니다.

직접 경험하지 않고 보거나 듣는 것만으로 함께 경험하는 듯 반응하는 뇌세포가 있다니! 이 거울뉴런은 인간의 공감능력이 어디서 오는지 그 비밀을 풀어 주었어요. 우리는 고민이 있는 친구의 말을 잘 듣고만 있어도 감정을 같이 느끼고 공감해 줄 수 있죠. 상황이 친구 입장에서 생생하게 이해됩니다. 공감적 소통이 오가고 나면 동질감과 끈끈한 유대감이 생기지요. 거울뉴런이 얘기를 듣는 동안 마치 같은 경험을 하듯 반응하고 느꼈기 때문이에요.

이런 능력 덕분에 인간은 사회를 이루고 협력하며 생존했습니다. 북극의 에스키모인이나 아마존 우림의 부족들, 사막이나 알래스카 같은 척박한 환경에서도 인간은 거울뉴런 덕분에 적응하고 살아남았죠. 아이들의 거울뉴런은 어른들이 두꺼운 털옷을 입은 모습을 보며 따뜻함을 같이 느낍니다. 그리고 '나도 따뜻한 털옷을 입어야겠다.' 금방 배우죠.

거울뉴런은 인류의 의사소통 능력과 문화 형성을 통한 방대한 생존 지식 전달이 어떻게 가능한지 알려 줍니다. 거울뉴런 덕분에 인류는 지구의 거의 전 지역에서 문명을 이루고 오늘날처럼 번영했다 해도 과언이 아니지요. 우리가 영화나 연극, 드라마, 웹툰 같은 대중예술을 즐기는 것도 거울뉴런 덕분입니다.

첫 발견 이후 거울뉴런은 집중적으로 연구되고 있어요. fMRI 같은 기술로 연구해 보면 거울뉴런은 인간의 뇌 여러 곳에 퍼져있답니다.[3] 다양한 영역에 거울뉴런이 있는 이유는 서로 신호를 주고받으며 인식한 행동의 의미를 파악하고 반응하기 위해서라고 해요. 인간 뇌의 거울뉴런은 넓고 다양한 연결망으로 활동하기 때문에 '세포'라기보다는 복합적인 '시스템'으로 보아야 할 정도입니다.

거울뉴런이 가장 활발하게 반응하는 때는 바로 다른 사람이 어떤 의도를 가지고 하는 행동을 볼 때라고 해요. 아기가 부모의 표정, 말투, 행동을 따라하며 배울 때도 거울뉴런은 활발하게 작동합니다. 아이는 세상을 살아가는 기본적인 생존과 언어, 관계 능력을 부모님을 모방하며 배우죠. 거울뉴런이 인간에게 얼마나 중요한지 실감이 나지요?

그러면 거울뉴런이 잘 작동하지 않으면 어떤 일이 생길까요? 태어날 때 선천적인 문제로 거울뉴런이 잘 작동하지 않는 아기는 자폐스펙트럼 장애를 갖게 되는 경우가 많습니다. 이 아이는 상대의 의도를 이해하기 어렵고, 의사소통이 잘 되지 않기 때문에 적응에 어려움을 겪게 됩니다. 그 아이나 부모의 잘못이 아니라 신경학적 질병 때문에 겪는 문제인 거죠.

한때 유행한 '사이코패스'도 거울뉴런이 잘 작동하지 않아 타인의 고통을 잘 공감하지 못한다는 내용이 많아요. 그러나 자폐와 사이코패스의 뇌는 확연히 다릅니다. 사이코패스는 정서적인 공감력이 확연히 떨어지지만 자폐인처럼 신경학적 고통을 겪지는 않습니다. 대부분 정상적 의사소통을 하고 지능을 사용하고 행동을 모방하는 기능은 충분히 작동하죠. 엄연히 다른 차원의 문제입니다. 그러니 혹시라도 자폐인과 사이코패스를 비슷하게 오해하는 일은 없기 바라요.

인간을 정말 인간답게 만들어 주는 역할을 거울뉴런이 합니다. 공감대를 형성하고 깊은 의미를 이해하고 진심으로 상대를 사랑하고 타인의 고통을 돕고자 하는 연민은 모두 거울뉴런이 있기에 가능한 일입니다. 그런데 처음 거울뉴런이 발견된 실험은 원숭이 실험이었다는 걸 기억하나요? 다른 동물도 거울뉴런이 있지 않을까? 궁금해

한 과학자들이 열심히 연구하고 있답니다. 현재로는 원숭이들과 일부 조류에서 거울뉴런이 발견되었다고 해요. 그러나 인간과 달리 이 동물들은 뇌의 넓은 부위에 분포하지 않고, 여러 곳이 연합해 반응하지는 않는다고 해요. 주로 행동을 모방하는 영역에 많이 집중되어 있죠. 인간만큼 거울뉴런 연결망이 광범위하게 발달하고 활발하게 작동하는 생물은 아직 발견되지 않았답니다.

단번에 배워요! 혐오학습

여러분은 혹시 별 생각 없이 처음 본 음식을 먹었다가 너무 쓰거나, 역겹거나, 비려서 뱉은 기억이 있나요? 그 맛이 불쾌할수록 몸은 즉시 반응합니다. 바로 구역질이 나오고 배는 근육을 조여 위 속으로 넘어간 음식이 역류하도록 하죠. 이런 경험을 하고 나면 다시는 그 음식은 쳐다보지도 않게 됩니다. 딱 한 번의 경험으로 확실한 학습이 된 거예요.

치킨이나 마라탕, 떡볶이 같이 좋아하는 음식도 배달시키면 한두 명이 먹기엔 양이 많지요. 남겼다가 나중에 다시 먹곤 합니다. 혹시 그러다 '상했구나!' 직감적으로 느껴 본 적 있나요? 그때 여러분의 몸은 어떻게 반응했나요? 맛이 이상하고, 불쾌한 냄새가 확 느껴지면 음식을 삼키려던 목구멍이 탁 막히죠. 여러분은 바로 뱉어 냈을 거예요. 한 번 이런 일을 겪고 배앓이로 병원 신세를 지고 나면 어떻게 될까요? 다음부턴 음식이 상했는지 냄새를 맡고 자세히 살펴보는 새로운 습관이 생깁니다.

이렇게 단 한 번의 경험으로 확실한 학습이 되는 이유는 생존을 위해 유전자에 저장된 반사 반응 때문이에요. 독이 있거나, 상한 음식을 먹어서 생존이 위협받지 않도록 몸이 안전 시스템을 마련해 둔 거죠. 이렇게 불쾌한 경험을 통해 단번에 학습하게 되는 현상을 '혐오학습'이라고 해요. 일반적으로 지금까지 우리가 배워 온 학습에는 반복과 지속적인 경험이 필요했죠. 그러나 혐오학습은 '단 한 번의 경험'으로 충분합니다.

유레카의 순간, 통찰학습

케쿨레(Friedrich August Kekulé von Stradonitz, 1829 ~ 1896)의 꿈 이야기를 아나요? 그는 현대 유기화학의 창시자랍니다. 바로 꿈 덕분이었지요. 당시 과학계에선 '벤젠'이라는 물질을 발견했어요. 이 물질은 화학 결합에서 독특하고 중요한 역할을 한답니다. 그러나 구조가 어떻게 생겼고, 어떻게 다른 물질과 결합하는지 알 길이 없었답니다. 벤젠의 화학적 형태를 알아내려고 오랜 시간 고민하던 케쿨레는 어느 겨울 따뜻한 난로 앞에 앉아 꾸벅꾸벅 졸았어요. 그러다 꿈속에서 신비한 뱀을 보았는데, 그 뱀은 자기 꼬리를 입으로 문 채 제자리에서 빙글빙글 돌고 있었어요. 꿈에서 깨자, 케쿨레는 벤젠의 형태가 탄소 6개로 이뤄진 6각형 구조임을 번뜩 알아차렸답니다! 역사에 남을 '통찰'이 떠오른 순간이죠.

혹시 아무리 풀어 보려 해도 안 되던 수학 문제가 어느 순간 풀이법이 번득 떠오르며 풀린 경험을 해 본 적 있나요? 아니면 상황이 복잡하게 꼬여 해결 안 되던 문제를 며칠 동안 고민하다 이렇게 해 보면 되겠다! 돌파구가 보인 순간 말이죠. 바로 '아하!'하며 머릿속이

확 밝아지고 깨달음이 온 순간이죠. 여러분이 잘 아는 '유레카!'의 순간, 이런 통찰은 우리 역사에 큰 영향을 미쳤답니다.

앞에서 잠깐 언급한 쾰러가 기억나나요? 쾰러의 실험에서 침팬지는 바로 이런 통찰을 얻어 천정에 달린 바나나를 얻었답니다. 실패를 반복하다 어느 순간 나무상자들을 쌓아 올려 천장에 달린 바나나를 결국 따고 말았죠. 이 침팬지는 여러 번 방에 있는 물건들을 이리 옮기고 저리 옮기며 시행착오를 했어요. 화도 냈죠. 그러다 어느 순간, 나무상자들을 바나나 밑으로 옮겨 쌓기 시작했어요. 이전의 경험들이 머릿속에서 새롭게 연결된 거죠. 그리고 해답을 찾아냈어요.

재미있는 점은, 이 침팬지는 한 번 통찰을 얻은 후에 비슷한 과제에서는 두 번 다시 시행착오를 하지 않았어요. 마치 처음부터 답을 알았던 것처럼 능숙하게 물건들을 사용해 바나나를 얻어 냈답니다. 그렇게 오래 헤맸는데 말이죠. 통찰을 통해 한 번 학습하고 나면 관점이 달라져요. 그 문제에 대해 한 차원 높은 사고가 열리죠.

통찰학습에는 그동안의 여러 경험과 배운 지식들이 필요합니다. 새로운 문제 앞에서 이전 경험들이 서로 연결점을 찾지 못하고 흩어져 있다가, 어느 순간 머릿속에서 새로운 관점으로 꿰어지면서 필요한 해결책이 보이니까요. 케쿨레도, 침팬지도 이전의 무수한 노력과 시행착오가 있었기에 '해답의 순간'을 만난 거죠. 모든 사람이 이런 통찰의 순간을 경험하지는 않아요. 이전의 경험과 지식들을 지금 상황에 맞는 새로운 방식으로 연결하는 '해석'이 일어나야 하니까요.

신기하게도 그렇게 길이 보이지 않던 문제인데, 한 번 통찰을 통해 답을 얻고 나면 다음에는 비슷한 상황에서 바로 해답을 떠올리죠. 통찰학습은 혐오학습과 달리, 이전의 많은 학습과 경험이 새롭게 통합되어 일어나는 현상이지만, 한 번 깨달음을 얻고 나면 다시 잊지 않는다는 사실은 비슷합니다.

마음의 작용 방식을 밝히다! 인지심리학

보보인형 실험과 침팬지의 통찰학습 실험은 인지심리학 발전의 신호탄 역할을 했어요. 행동주의가 환경의 '자극'과 '반응'을 외치던 시절, "아니다, 그 사이에 보이지 않는 마음의 작용이 있다!"라고 주장한 실험이거든요. 인지심리학은 현대 심리학계에서 가장 활발히 발전하고 있는 분야예요. 그만큼 연구 분야도 넓어서 여러분에게 간단하게나마 다 소개하려면 따로 책을 한 권 써야 할 정도랍니다.

사실 우리는 벌써 인지심리학에 대해 조금 살펴봤어요. 앞서 소개한 컴퓨터를 닮은 '정보처리 모형' 기억나나요? 노엄 촘스키의 '언어심리학', AI 분야, 뇌신경학 연구의 많은 부분이 인지심리학의 연구 분야거든요. 여기서는 앞에서 다루지 않은 흥미로운 내용을 조금만 더 살펴보아요.

노엄 촘스키를 시작으로 인지심리학은 행동주의 연구를 완전히 벗어나 '보이지 않는 마음'을 집중적으로 연구하기 시작합니다. 이 흐름을 "인지주의 혁명"이라고 불러요. 기억, 상상, 판단력, 추리력, 오감의 지각, 문제 해결능력 등이 다 인지심리학의 영역이죠.

우리는 어떻게 기억할까?

누구나 아주 오래된 기억을 가지고 있지요? 선생님도 이제 40대이지만 어릴 때 유치원 마당에서 탔던 말 놀이기구가 생각나요. 다리에 굵은 스프링이 튼튼하게 연결되어 있어서 타고서 몸을 흔들면 앞뒤로 조금씩 움직였지요. 그 움직임과 끽끽거리던 소리, 친구들과 함께 말타는 흉내를 내며 신났던 기분도 기억나요. 여러분도 어릴 때 가족과 함께한 소중한 추억이나, 인상 깊게 남은 한 장면이 있을 거예요. 반면 방금 전에 새롭게 보거나 들은 것도 머리에 남아 있지요? 선생님은 방금 본 창밖의 가로수와 파출소, 햇살 밝은 바깥 풍경이 뇌리에 남아 있어요. 여러분은 지금 어떤 기억이 떠오르나요?

우리의 두뇌는 어떻게 수십 년이 지난 경험도 선명하게 기억할까요? 그리고 분명히 보고 들었는데도 어떤 정보는 금방 날아가 버리고 머릿속에 남지 않을까요? 예를 들어, 수업 시간에 들은 내용이 고스란히 머릿속에 남아 있어 준다면 얼마나 편할까요? 이런 궁금증을 우리만 가진 게 아니랍니다. 그래서 인지심리학자들은 기억의 비밀을 파헤쳐 보기로 결심했답니다.

우리의 오감으로 매 순간 엄청나게 많은 정보들이 들어온다는 얘길 했었지요? 장면, 소리, 온도, 맛, 촉감 등 순간순간 우리는 다 느끼고 경험합니다. 그런데 그 모든 정보가 다 기억나진 않을 거예요. 대부분 우리는 인식도 하지 못하고 지나간답니다. 쉬는 시간 반 친구들이 왁자지껄 떠드는 교실에 앉아 있을 땐 주변 소리를 의식하지 않고 흘려보내지요? 그러다 친한 친구가 찾아와 내 이름을 부르면 그 소리는 귀에 들어옵니다. 주변이 그렇게 시끄러운데 말이죠. 단순히 소리 크기의 문제가 아님을 알겠지요?

우리의 눈, 귀, 코, 혀, 피부는 외부의 자극을 모두 감지하고 받아들이지만 이 경험은 아주 짧은 순간만 유지됩니다. 약 0.5초에서 3초 사이죠. 이 시간 동안을 '감각기억'이라고 해요. 이 중에서 우리 뇌가 골라내어 '주의'를 기울인 자극만 인식됩니다. 그것만 우리가 알아차린다는 말이에요. 소란한 교실에서 친한 친구가 내 이름을 부르는 소리처럼 말이죠. 이 '주의'의 선택은 찰나에 무의식적으로 일어납니다. 우리 뇌는 과거 경험을 토대로 주의 기울일 정보를 선택해요. 사람은 놀라울 정도로 '주의'를 받지 못한 감각을 못 알아차린답니다.

이 사실을 증명한 재밌는 실험이 있어요. 1998년에 코넬대학에서 이뤄진 실험이랍니다. 캠퍼스에서 지나가는 학생에게 길을 묻고, 답을 해 주고 있는 동안 두 사람 사이를 큰 문을 옮기는 인부들이 지나갑니다. 그 사이 처음 질문했던 사람은 인부와 재빨리 자리를 바꾸죠.

즉, 질문한 사람이 바뀐 거예요. 친절하게 설명을 마치고 돌아선 학생에게 혹시 이상한 점을 발견했는지 묻습니다. 그 결과는 어땠을까요?

놀랍게도 절반 이상의 학생이 질문한 사람이 바뀐 걸 전혀 눈치채지 못했어요. '어떻게 눈 앞에서 사람이 바뀌는데 그럴 수 있지?' 하는 생각이 들겠지만, 우리도 같은 상황에서 똑같은 경험을 할 수 있어요. 비슷한 예로 '투명 고릴라'라는 유명한 실험 영상도 있죠. 관심이 간다면 찾아봐도 좋아요. 한때 유행한 틀린그림찾기 게임도 바로 이런 특성을 이용한 게임입니다.

기억도 냉장고에 넣듯이: 다중저장고 모형

이런 현상이 생기는 이유는 바로 우리 뇌의 기억 용량이 제한되어 있기 때문이에요. 정확히 말하면 몇십 년이 가도 생각나는 장기기억은 용량 제한이 거의 없답니다. 마치 몇 년 치 비상식량을 커다란 냉동고에 넣어 얼려 두는 것과 비슷하달까요?

몸의 '감각기억'과 '단기기억'은 한정된 공간을 효율적으로 사용하도록 디자인되어 있지요. 그래서 필요한 정보를 남기고는 얼른 칸을 비웁니다. 새로운 신선한 정보가 들어갈 자리를 만들어야 하니까요. 장을 보러 가서 음식을 사 왔다고 상상해 보세요. 마트에서 온갖 물건들을 보지만(감각기억), 그중에 내게 필요한 것만 사지요(선택적 주의). 집에 와서 냉장고에 정리합니다(단기기억). 그리고 냉동고(장기기억)로 옮기지 않는 이상, 사 온 음식은 빨리 먹지 않으면 상해 버리게 돼죠.

조지 밀러(George Miller)는 1956년에 단기 기억에 넣어 둘 수 있는 정보는 평균 7개라는 사실을 발견했어요. 그리고 기억하려고 반복하지 않는 이상, 이 기억은 20~30초 정도면 사라집니다. 너무 짧다고요? 예를 들어 볼게요. 새 친구의 폰 번호를 듣고 가방 안의 핸드폰을 꺼내 입력하는 상황을 떠올려 보세요. 단 몇 분의 시간이지만, 번호를 반복해서 되뇌지 않으면 금방 기억이 안 나죠.

하지만 인간은 단기기억에 쉽게 찾도록 이름표를 달아 장기기억으로 옮기는 작업을 한답니다. 필요할 때 이름표를 보고 금방 떠올리도록 말이죠. 이 작업을 '정교화' 또는 '공고화'라고 해요. 이렇게 일단 장기기억으로 옮기면, 뇌의 장기기억 용량은 무한대에 가깝답니다.

장기기억에는 내가 붙인 이름표가 있습니다. 우리가 어떤 기억을 떠올리면 뇌는 이 이름표를 보고 순식간에 그 기억을 단기기억 공간으로 불러옵니다. 대표적 예로 구구단을 생각해 보세요. 평소 전혀 생각을 안 하다가도, 계산이 필요하면 구구단을 쉽게 떠올리죠? 여러분이 초등학생 때 수없이 반복하며 장기기억에 잘 저장했기 때문입니다.

재미있는 점은, 우리가 어떤 기억을 인식하려면 반드시 단기기억 공간으로 불러와야 한다는 거예요. 단기기억 안에 있는 정보만 우리는 활용하고 재구성도 하거든요. 그래서 '단기기억'을 다른 이름으로 '작업기억'이라고도 부른답니다. 냉장고 안의 음료수는 바로 꺼내 마시지만, 냉동고에 있는 음식을 먹으려면 먼저 녹이고 데워야 하잖아요? 우리 뇌는 이 작업을 순식간에 해치워 기억을 단기기억 공간에 넣어 줍니다. 이 과정을 '인출'이라고 불러요. 그럼 생각이 날

듯 날 듯 안나는 기억은 뭘까요? 분명 저장했지만 이름표를 제대로 달아 두지 못한 기억이라 그래요. 인출이 어려워 생각이 날 듯하면서 못 떠올리죠.

공부를 잘하고 싶다고? 암기법을 알면 돼!

뇌가 기억하는 원리를 왜 우리가 알아야 할까, 혹시 지루했나요? 맞아요, 어려운 내용이죠. 그러나 필요하긴 하답니다. 여러분에게 실감나는 이유로 '시험 성적이 달라진다!'라고 하면 될까요? 대부분의 '공부'는 반드시 암기가 필요합니다. 기억된 정보가 있어야 응용도 가능하기 때문이죠. 물리나 수학도 최소한 공식을 외워야 문제를 풀잖아요? 그런데 암기가 재밌는 사람은 없어요. 그래도 인지심리학은 쉽게 기억하는 법, 더 잘 기억하는 법을 가르쳐 줄 수는 있어요. 여러분에게 도움이 되는지 한 번 살펴볼까요?

먼저 여러분이 다 예상하는 방법부터 얼른 살펴보고 넘어가요. 바로 여러분이 구구단을 외웠던 그 방법, '반복'입니다. 밀러가 발견했던 단기 기억의 용량이 평균 7개였지요? 이 기억을 30초 만에 잊어버리지 않으려면 계속 반복해서 되뇌어야 하죠. 예를 들어, 수업이 끝나면 바로 책을 덮지 말고 오늘 진도 나간 부분을 얼른 다시 읽어보는 거죠. 전 역사를 통틀어 '복습', '예습'이 강조되는 이유가 바로 '반복 기억법'의 효과 때문입니다.

그런데 7개는 너무하지 않냐고요? 배우는 양이 훨씬 많은데 말이죠. 그래서 인지심리학이 강조하는 방법이 있습니다. 바로 기억을 덩어리로 묶어 '하나'로 기억하는 방법이죠. 많은 정보를 보자기로 싸서

한 보따리로 만드는 이미지를 떠올리면 비슷해요. 이렇게 만든 '보따리'는 단기기억 공간에서 '한 개'의 정보로 인식된답니다.

예를 들어 여러분이 조선왕조의 순서를 다 외우고 있었어요. 그러면 그 보따리는 '조선 왕들'이라는 이름표가 붙겠죠. 그 상황에서 사도세자에 대해 공부합니다. 그러면 그 내용은 조선 왕들 보따리에 결합되어 왜 왕조가 바뀌게 되었는지도 이해하는 폭넓은 기억 보따리가 되죠. 수학 공식을 배울 때 이미 외운 공식에서 유도된 새 공식은 원리와 함께 금방 기억됩니다. 바둑 경기에서 이세돌 기사나 신진서 기사가 자기 경기를 순식간에 복기하는 이유도 기억 보따리를 활용하기 때문입니다. 이전에 외워 둔 수많은 기보를 활용해 지금 경기를 기억하죠. 이런 식으로 전문가들은 대부분 보따리를 활용해 기억의 용량을 파격적으로 늘립니다.

마음의 집에 기억 넣기

기억 보따리는 이전에 공부한 지식이 많을수록 유리하죠. 그럼 벼락치기로 공부해야 하는 나는 어떡하냐고요? 방법이 있습니다. '셜록'이라는 영국 드라마를 아나요? 유명한 추리소설 셜록홈스 시리즈를 바탕으로 만들었죠. 거기서 셜록 홈즈는 비상한 기억력과 관찰력을 가진 탐정으로 나옵니다. 드라마를 보다 보면 셜록홈즈가 공간과 함께 기억을 떠올리는 모습이 종종 등장하죠. 셜록홈즈는 마음속으로 그 공간을 자유롭게 돌아다니며, 공간마다 저장된 기억을 떠올립니다. 예를 들어 집의 현관문에는 범인이 입었던 코트가 걸려 있고, 문을 열고 들어가면 거실에는 피해사가 누워 있어 손톱 밑 등을 자세히 살펴볼 수 있죠. 부엌으로 들어가면 현장에 있던 신문이 놓여 있습니다.

이런 식으로 마음속에 공간을 만들어 각 공간마다 기억을 연결시키는 방법을 '장소법'이라고 합니다. 여러분이 공리주의를 공부한다고 해 볼까요? 우리집의 현관문을 열면 문에 벤담(Jeremy Bentham, 1748 ~ 1832)의 사진이 붙어 있고, 거실에는 "최대 다수의 최대 행복"이라는 액자가 걸려 있어요. TV에는 벤담과 밀의 치열한 토론이 나오죠. 밀은 "나는 배부른 바보가 되느니, 배고픈 소크라테스가 되겠소!"하고 목청을 높이는 중입니다. 이런 장소법은 기억전문가들이 많이 사용하는 방법이기도 합니다.

기억하기 어려운 내용이 있다면, 그 내용에 대해 적극적으로 질문을 던져 보면 좋습니다. 만일 백신의 원리에 대해 외워야 한다면, '이 백신은 왜 만들어졌지?', '이 백신은 어떻게 전염되는 병을 예방하려는 거지?', '이 백신을 맞아서 결과가 어떻게 나왔지?' 등을 생각해 보는 거죠. 의미가 많이 연결된 기억일수록 정교해지고 쉽게 떠오르기 때문입니다. 다른 친구에게 내가 공부한 내용을 가르쳐 주는 것도 매우 좋은 방법이에요. 기억의 정교화를 촉진하고 어려웠던 부분을 통합해 명확히 이해하게 해 주거든요.

냉동고의 세계: 의식과 무의식의 기억

어려운 공부 얘기를 했으니 다시 흥미로운 얘기로 돌아와 볼까요? 장기기억의 용량은 무한대라는 얘기를 했지요? 인간의 작은 두뇌에 무한대의 정보가 들어간다니, 놀랍고 신나는 일이기도 합니다.

장기기억으로 잘 옮겨두기만 하면, 이 세상의 유익한 지식을 다 머릿속에 넣을 수 있다는 얘기니까요.

요즘은 핸드폰이 있고, AI가 더 잘 아니까 상관없다고요? 그게 그렇지 않답니다. 우리 머릿속에 저장된 정보는 우리가 '요리'해서 전혀 새로운 걸 만들 수 있거든요. 여러 정보를 잘게 잘라 새롭게 붙여보거나, 죽 늘어놓고 비교해 한 차원 높은 통찰을 얻기도 합니다. '창의력'과 '아이디어'가 이렇게 탄생하죠. 스스로 가지고 놀아야 진정한 내 것이랍니다. 이 작업이 이뤄지는 공간이 바로 '작업기억'입니다.

기억은 의식의 영역뿐 아니라 무의식의 영역에도 저장된다는 사실을 아나요? 물론 작업기억 공간에 불러온 기억 외에는 대부분 평소에 의식하지 않고 살아갑니다. 그런데 우리가 떠올릴 수 있는 기억뿐만 아니라, 무의식에 있지만 몸이 기억하는 기억도 있답니다.

우리가 일반적으로 '기억'이라고 부르는 영역은 '명시적 기억'이라고 해요. 떠올리면 머릿속에 회상되고 말로 설명할 수도 있는 기억이죠. 여기엔 여러분이 배운 지식과 경험한 추억이 다 들어 있어요. 열심히 외운 수학 공식, 영어 단어, 역사, 사람 이름, 언어 능력, 규칙 등등이죠. 이렇게 사실과 익힌 개념을 '의미기억'이라고 합니다. 여러분이 열심히 새 게임의 튜토리얼을 따라가며 규칙을 익히려고 노력하는 동안도 의미기억 생성 중인 거죠. 동시에 이제 저녁 먹은 음식, 가장 감동적인 영화를 본 날 등 사적인 경험에 대한 기억은 '일화기억'이라고 한답니다. 일화기억은 여러분이 언제, 어디서 무슨 일이 어떤 순서로 일어났는지 떠올릴 수 있지요.

그렇다면 무의식에 저장되는 기억은 대체 뭘까요? 분명 기억되어 있는데, 떠올릴 수 없다니! 이런 기억을 '암묵적 기억'이라고 합니다. 혹시 자전거를 잘 타나요? 자전거에 올라타 달리기 시작할 때 의식 없이 능숙히 균형을 잡지요. 그런데 처음에는 그렇지 않았다는 걸 기억하나요? 균형을 잡으며 페달을 밟는 일이 너무 어렵고 넘어질까 봐 겁나기까지 했던 시절 말이죠.

그때 여러분은 열심히 머릿속으로 페달을 밟는 움직임을 생각하며 동시에 온몸으로 균형을 잡으려고 필사적이었어요. 그런데 지금은 아무 생각하지 않고 신나게 달리지요. 수영, 운전, 키보드 타이핑 등 비슷한 예는 얼마든지 있습니다. 바로 '몸이 기억한 기억'이지요. 몸이 절차에 익숙해져 무의식적으로 수행하는 기억을 '절차기억'이라고 합니다.

여러분은 대부분 세 살 이전의 기억이 없을 거예요. 인간의 뇌가 미성숙하게 태어나기 때문이죠. 우리가 떠올릴 수 있는 명시적 기억을 저장하는 '해마'라는 부위는 대체로 세 살 전후로 성숙하거든요. 그런데 절차기억은 그 이전부터 형성된답니다. 여러분이 지금 능숙하게 걷고 뛰는 이유도 아기 시절 수없이 넘어지며 익힌 절차기억 덕분이죠. 단순히 운동기능만이 아니에요. 아기 때 양육자와 경험한 관계의 패턴도 암묵적 기억으로 저장되어 '애착'을 형성한다고 말했지요? 몸은 우리 생각보다 훨씬 많은 걸 기억하고 있답니다.

감정이 기억에 미치는 강력한 힘

여러분에게도 생생하게 떠오르는 기억 속 한 장면이 있나요? 마치 지금 보는 듯 묘사할 수 있는 기억 말이죠. 그 당시의 냄새, 밝기, 촉감이나 온도까지 다 기억나기도 합니다. 많은 사람에게 이런 '섬

광'처럼 강렬한 기억이 있어요. 그런데 잘 생각해 보면 이 '섬광기억'은 당시 느낀 강렬한 감정과 함께 있죠. 예를 들어, 선생님은 청혼을 받았던 장소의 창문 모양과 벽지 색깔, 짙은 갈색 가구와 해바라기 꽃다발, 하트풍선이 떠 있던 모습과 방안을 가득 채웠던 색색 풍선의 고무 냄새까지 기억한답니다. 그날 느꼈던 풍부한 감정 때문이지요.

여러분은 초등학교를 같이 다닌 반 친구들 이름을 기억하나요? 당시엔 매일 한 반에서 생활하느라 줄줄 외우다시피 했는데 말이죠. 그런데 모교에 방문해 그 교실에 들어서는 순간 정말 다 떠오를 수도 있습니다. 그 시절의 감정과 연결되기 때문이죠. 어릴 때 살았던 동네의 친숙함, 첫사랑과 처음 데이트한 장소의 설레임 등 내가 느낀 감정의 맥락이 살아날 때 기억은 훨씬 선명해집니다. 동시에 사람은 강한 감정을 느낀 기억일수록 많이 회상한다고 해요. 즉, 그 기억이 작업기억 공간에 자주 소환되는 거지요.

행복하고 긍정적인 감정만큼 불안이나 고통도 기억에 영향을 미칩니다. 대표적으로 시험 칠 때를 떠올려 보세요. 분명 어제 본 내용인데, 도저히 생각이 나지 않지요. 다른 문제를 먼저 풀어 보지만, 시간이 줄어들수록 초조해지고 안절부절합니다. 결국 끝나기 직전 허겁지겁 답을 써 제출하게 되죠. 그리고 쉬는 시간 종이 치는 순간, 긴장이 풀리며 그 문제의 답이 떠오릅니다, 이런! 왜 이런 일이 벌어질까요? 바로 시험 불안이 기억을 방해했기 때문이에요.

많은 사람이 큰 고통을 경험했을 때 자신을 보호하려고 기억을 억압하기도 합니다. 가족을 갑작스러운 사고로 잃은 유족들은 순간적으로 집에 여전히 그 가족이 있는 줄 알고 말을 걸거나 식사를 준비합니다. 길거리에서 죽은 가족을 보는 경험도 종종 있죠. 이런 일은 지극히 정상적인 애도 과정입니다. 사랑하는 사람을 잃은 큰 고통을 아직 다 받아들이기 어렵기 때문에, 뇌가 그 가족이 사망한 기억을 억압해 순간적으로 잊게 하죠. 이런 일은 큰 트라우마를 겪은 사람에게도 종종 나타납니다. 그 현실을 받아들일 만큼 충분한 마음의 힘이 모일 때까지 뇌가 우리를 보호하려고 노력하는 거예요.

가짜 기억을 만든다고?: 기억의 재구성

이번 이야기는 여러분에게 좀 충격적일지 몰라요. 우리의 기억이 정확하지 않다는 이야기거든요. 감정이 기억에 강력한 영향력을 미친다는 사실을 살펴보았죠? 경험한 감정이 강렬할수록 더 자주 떠올리게 된다는 것도요. 기억이 작업기억 공간에 불려 나올 때마다 뇌는 조금씩 그 기억을 다듬습니다. 기억이 상징하는 '의미'를 더 명확하게 정돈하죠. 논리적 흐름에 방해되는 부분은 삭제하기도 해요. 같은 경험을 한 가족 이야기를 듣고 새롭게 알게 된 부분을 덧붙이기도 합니다. 고정관념이나 나아가 외부에서 주는 암시가 기억에 영향을 미치는 경우도 있다고 해요.

기억에 대한 실험은 다양하게 이뤄졌어요. 그중에 기억 연구에 중요한 영향을 미친 실험을 하나 소개할게요. 1974년에 한 이 실험은 '기억이 변형된다'는 사실을 증명한 결정적 실험이랍니다. 실험 내용은 간단해요. 한 집단의 사람들에게 자동차 사고가 나는 짧은 영화를 보여 줍니다. 그리고 두 그룹으로 나눠, 한 그룹에는 "**접촉사고**를 일으킨 차가 얼마나 빠르게 움직였나요?"라고 질문했어요. 다른 그룹에는 "**충돌사고**를 일으킨 차가 얼마나 빠르게 움직였나요?"라고 질문했죠. 차이를 발견했나요? 오직 한 단어 차이죠.

흥미롭게도 '충돌사고'라는 단어로 질문받은 집단이 속도를 약 20% 정도 더 빠르게 예상했어요. 접촉사고 집단이 평균적으로 '30km/h 정도 속도였어요.'라고 대답했다면, 충돌사고 집단은 '36km/h 정도'라고 대답한 거죠. 같은 영화를 보았는데 말이에요. 더 중요한 결과는 일주일 뒤에 나타났습니다. 실험 참가자들은 일주일 뒤 다시 실험실에 방문해 추가 질문을 받았어요. 그 질문은 "영화 장면에서 깨진 유리를 보았나요?"였습니다. 결과가 어땠을까요?

실제로 영화에 깨진 유리는 없었어요. 그러니 답은 '아니오'입니다. 그러나 '충돌사고'라는 단어로 질문받은 집단의 사람들은 깨진 유리를 보았다는 답을 훨씬 많이 했어요. 영화에는 없던 유리가, 일주일 사이에 기억에 추가된 거지요.

내가 분명히 경험한 사실대로 기억한 건데, 그게 바뀔 수 있다니! 더구나 다른 사람의 의도에 따라 변할 수도 있다니! 당황스럽고 속상한가요? 당시 많은 사람도 그랬어요. 내게 중요한 경험, 분명히 겪은 고통스러운 기억도 사실과 다를 수 있다고? 이 실험의 파문은 상당했지요. 더구나 목격자의 증언이 결정적 증거로 인정받는 재판에서 이 문제는 중요한 논쟁거리였습니다.

앞선 자동차 영화 실험을 했던 엘리자베스 로프터스(Elizabeth F. Loftus, 1944 ~)는 인지심리학자이자 기억의 재구성과 관련한 연구의 권위자입니다. 그녀는 법정 증언의 신뢰성을 검증하는 많은 연구를 진행했지요. 그녀의 연구를 통해 증인의 개인적 확신과 상관없이, 증언의 정확도는 기억된 순간의 환경을 같이 고려해야 함이 드러났어요.

예를 들어, 목격자인 증인이 편안하고 안전한 상황에서 그 사건을 충분히 목격했다면 괜찮습니다. 도로변 건물 2층 카페에서 거리를 내려다보다가 우연히 교통사고가 나는 장면을 본 경우처럼 말이죠. 직후에 다른 간섭 없이 중립적인 태도의 경찰에게 바로 진술을 했다면 기억이 정확할 가능성이 높지요.

증인이 피해자이거나 사건에 중요한 관계자라면 기억과 관련된 감정적 맥락을 잘 살펴야 합니다. 술이나 약에 취했었거나 생명의 위협에 처한 상황 등 당시 상황이 열악할수록 기억의 재구성이 일어나기 쉽다고 해요. 사건을 겪은 후 증언하기까지 시간이 많이 걸릴수록, 가해자를 확신하는 보호자나 선입견이 있는 면접관과 많이 대화할수록, 사건과 관련된 여론에 노출될수록 기억의 재구성은 잘 일어납니다. 특히, 어린아이일수록 면접관이 암시하는 정보에 영향을 많이 받는 것으로 드러났어요. 연구 결과는 '어린이는 거짓말을 하지 않는다'는 일반적 믿음과 상반되는 결과를 보여주죠.

일단 기억이 재구성 되면 사실 여부는 심리전문가가 면담을 해도 구분하기 어려워요. 그래서 증언을 뒷받침하는 증거와 교차검증의 중요성은 갈수록 확대되고 있어요. 진술을 세밀하게 분석해 사실 여부를 판단하는 진술분석학도 빠르게 발전했습니다. 우리나라에도 이미 전문가들이 현장에서 일하고 있죠. 재판에서 무고한 피해자가 생기지 않고 정의가 바르게 구현되도록 우리 사회는 노력하고 있답니다.

뇌는 의미를 기억한다

왜 뇌는 기억을 경험한 그대로 저장하지 않고, 재구성하는 걸까요? 그 이유는 뇌가 컴퓨터와는 전혀 다른 목적으로 기억을 저장하기 때문이에요. 우리의 기억은 컴퓨터가 단순히 저장 공간에 정보를 쌓듯 기계적인 과정이 아닙니다. 뇌는 그 기억의 의미와 상징성을 중요하게 여기지요.

내 생존에 유익한가 불리한가, 개인적으로 중요한 경험인가, 내가 소중히 여기는 가치와 관련이 높은가, 내가 속한 환경에 적응하는데 도움이 되는가, 나에게 어느 정도 영향력을 미쳤는가 등을 기준으로 뇌는 기억을 정돈하고 이름표를 붙입니다. 그 기억이 중요하다면 더 잘 인출되도록 꺼내기 쉬운 곳에 두죠. 그래서 우리의 기억은 의식적이든 암묵적이든 모두 '의미가 담긴 기억'이라고 할 수 있어요.

이렇게 '의미'와 '가치' 중심으로 우리는 기억된 정보를 새로운 정보와 통합하고 활용합니다. 이 과정을 통해 우리는 '자신'과 '세상'을 이해하게 되어요. 그래서 같은 걸 보아도 각자 다른 경험을 하게 되죠. 예를 들어 볼까요? 여러분은 하굣길에 거리에서 무엇을 보나요? 아마도 학생들을 태우려 늘어선 학원차들, 같은 교복을 입은 학생들, 평소 좋아하는 군것질거리를 파는 편의점이나 분식점, 아는 친구들의 모습이 주로 눈에 들어올 거예요. 여러분에게 중요하고 친숙한 것에 뇌는 자동으로 주의를 기울이지요.

만일 같은 거리를 건축가가 보고 있다면 어떨까요? 그 건축가의 머릿속엔 학교의 위치와 도로 및 인도가 순식간에 3차원으로 그려질 거예요. 하굣길의 유동 인구를 충분히 소화할 만큼 출입구와 도로가 안전하게 설계되어 있는지 주의 깊게 보겠지요.

만일 패션업계에서 일하는 사람이 보고 있다면요? 그 사람 눈에는 학생들이 주로 착용한 가방이나 신발, 액세서리, 헤어스타일 등이 빠르게 눈에 들어올 거예요. 여러 학생의 비슷한 스타일을 파악해 10대 사이의 유행 트렌드를 읽겠지요. 같은 풍경이지만 전혀 다른 세상이지요?

그렇다면 우리는 기억을 믿지 못하는 걸까요? 내가 분명히 당한 억울하고 아팠던 기억, 정말 행복했던 어린 시절의 기억도 사실이 아닌 걸까요? 다른 사람의 기억을 '정확하지 않을 거야.'라고 쉽게 취급해도 될까요? 그 질문에 심리학은 안정된 울타리를 제공하고 있어요.

기억의 울타리: 여전히 기억은 믿을 만하다

먼저 울타리의 이쪽 끝을 소개할게요. 앞서 소개한 로프터스가 '기억은 변한다'는 주장의 대표자입니다. 그녀의 연구 중에는 '성인에게 아동기에 대한 새로운 기억을 심어 줄 수 있는가?'를 실험한 것도 있습니다. 이 연구에서 특히 효과적인 방법은 최면술이었어요. 치료사가 최면술로 아동기에 대한 암시적 정보를 심어 주고 최면을 깨웁니다.

예를 들어, '아이 때 부모님과 백화점이나 쇼핑센터에 갔다가 부모와 헤어져 미아가 된 경험'의 암시를 주는 거죠. 물론 실험 참가자들은 처음 면담에서 그런 일은 없었다고 대답했습니다. 최면술을 받은지 몇 주 후에 다시 면담을 진행했어요. 그러자 절반 정도의 사람이 어릴 때 미아가 된 기억이 떠올랐다고 했습니다. 그 기억이 사실이라고 확신하는 사람도 있었죠.

이 실험 결과에도 주목할 점이 있어요. 절반의 참가자는 여전히 기억을 보고하지 않았습니다. 각 사람의 '피암시성'이 달랐기 때문입니다. 피암시성은 외부에서 주어지는 암시적 정보를 비판적으로 따져 보지 않고 무의식적으로 받아들이는 특성이에요. 예를 들어, 사람은 신뢰하는 대상이 주는 정보는 쉽게 받아들입니다. 또 자신이 속한 집단에서 강력한 정서적 공감대가 형성될 때도 피암시성이 높아집니다.

내가 좋아하는 걸그룹과 경쟁이 붙은 다른 그룹이 맹목적으로 싫어진 경험을 해 본 적 있나요? 노래도 별로고 멤버 인성도 나빠 보이죠. 시간이 지나고 보면 굳이 그럴 이유가 없었는데 말이죠. 최면술은 바로 피암시성을 최대한 끌어내는 방법입니다. 그런데도 절반의 사람은 암시되지 않았죠.

심리치료를 받으며 학대 경험을 기억해 내는 내담자는 정말 일어난 사건을 떠올리는 경우가 많습니다. 그 경험은 한 개인에게 매우 중요하고 강력한 '의미기억'으로 삶 전체에 영향력을 행사하고 있죠. 떠오르기 전에도 '암묵기억'으로 몸에 저장되어 내담자의 정서와 행동, 선택과 위기대처방식을 좌우해요. 이런 기억을 쉽게 취급해서는 안 됩니다. 다만, 로프터스가 강조하는 점은 '기억을 확증하는 현실적 확인이 필요하다.'는 점입니다. 특히 이런 학대에 대한 재판이 진행될 때 말이죠. 아무리 숙련된 전문가도 진실한 기억과 암시적으로 심어진 기억을 구별하기 어렵기 때문이에요. 이 부분은 현재도 계속 연구와 논쟁이 진행 중이랍니다.

경험의 선명한 흔적

이제 울타리의 반대쪽 끝을 살펴볼까요? 로프터스의 주장에 반대하거나, 정확성을 검증하는 연구도 계속 진행되었습니다. '자동차 충돌 영화 실험'을 기억하죠? 이 실험은 여러 번 검증되었어요. 그 결과를 종합해 보면 일주일 후에 "깨진 유리를 보았다."고 대답한 사람은

'접촉사고' 집단이 약 20%, '충돌사고' 집단이 약 30% 정도라고 합니다. 분명 차이가 있지만 크지 않죠. 그리고 '영화 속의 깨진 유리'는 학대를 당하며 자란 경험이나 심한 사고를 겪은 경험에 비하면 중요하지 않은 사건입니다. 앞서 중요한 경험일수록 뇌가 주목한다는 사실을 살펴보았죠?

'쇼핑몰 실종 사건 실험'도 비판받는 점이 있습니다. 이 실험은 아동기에 '실제로 없었던 트라우마 기억을 심어 줄 수 있다'는 주장의 강력한 근거가 되었어요. 그러나 비판하는 측에서는 이렇게 주장합니다. "대부분 아동이 미아가 되지 않도록 자주 교육받고, 그런 상황에 대한 공포심을 갖고 있다. 실제로 몇 분 정도 부모를 놓쳐 불안을 경험하기도 한다." 더구나 아이의 실종 이야기는 헨젤과 그레텔 같은 동화부터 각종 매체를 사용한 안전교육, 뉴스에 이르기까지 자주 접하게 됩니다. 즉, 경험하지 않았어도 상상하기 쉽고 익숙한 사건이에요. 그러나 학대 상황에서 아동이 경험하는 폭력이나 방임, 정서적 상처는 매우 개인적이고 독특한 경험입니다. 겪어 보지 않은 사람이 상상하기 어렵죠.

쇼핑몰 실험을 검증한 연구팀은 로프터스와 같은 방식으로 20명의 아동에게 세 가지 사건을 암시해 주었어요. 하나는 실제로 있었던 일, 하나는 쇼핑몰 실종, 다른 하나는 성적 학대에 관한 내용이었죠. 이후에 아이들에게 그 사건을 기억하는지 물었습니다. 결과는 어땠을까요? 단지 세 명의 아이만 거짓 사건을 기억한다고 답했어요. 모두 그럴 듯한 쇼핑몰 실종 사건이었죠. 성적 학대 사건을 믿는 아이는 아무도 없었습니다. 아이들에게 그런 경험에 대한 사전 지식이 전혀 없었으니까요.

이 연구팀은 "아이들이 직접 경험하거나 충분히 주의를 기울여 배운 사전 지식이 있는 기억은 일부 암시될 수도 있다. 그러나 겪지 않은 특수한 사건을 거짓 기억으로 주입하는 일은 거의 불가능하다."라고 했어요. "떠오른 학대 기억은 실제로 억압된 트라우마 기억의 회복으로 보는 것이 더 타당하다."고도 했지요. 실제 사례를 모아 조사해도 그런 경우가 압도적으로 많기 때문이죠.

인간이 잘못된 생각과 행동을 할 때: 인지 편향

여러분은 결정을 내릴 때 빨리 결정하는 편인가요? 여러 가지를 고려하느라 오래 걸리는 편인가요? 어떤 결정이 더 좋다고 생각하나요? 그런데 우리 뇌는 정확한 결정에 큰 관심이 없답니다. 경험을 바탕으로 더 적응적인 결정, 빠른 결정을 하고 새로운 상황으로 관심을 돌리기 십상이죠. 그래서 인간은 남이 볼 땐 분명 문제가 있지만 자신은 전혀 인식 못한 채 선택과 행동을 할 때가 있습니다. '사람이 왜 이럴까?'에 관심을 가진 인지심리학은 이 부분을 오래 연구했습니다. 그래서 뇌가 벌이는 깜찍한 일을 밝혀내었죠. 바로 '인지 편향'과 휴리스틱이라 불리는 '어림법'입니다.

인간은 매 순간 선택과 판단을 하며 살아갑니다. 지금 의자에서 일어날지 계속 앉아 있을지 같은 단순한 것부터 오늘은 운동을 할지 말지, 야식을 먹을지 말지 같은 의지력이 필요한 선택도 있지요. 어느 대학교에 갈지, 어떤 직업을 선택할지, 결혼을 할지 말지 등 삶에 큰 영향을 미치는 선택도 있습니다. 그런데 우리 뇌에는 매 순간 엄청나게 많은 양의 감각 정보가 쏟아져 들어온다고 했죠? 뇌는 매우 유능하지만, 우리 생각보다 훨씬 바쁩니다. 그래서 선택의 순간에 우리도 모르게 지름길을 택하죠.

인지 편향은 대표적인 지름길입니다. 이전에 확인한 익숙한 정보나 적응에 도움이 된 정보들만 고려해 판단하죠. 이 순간의 선택을 위해 다시 객관적으로 정보들을 놓고 생각해 보는 과정을 건너뛰는 거예요. 그 결과 우리가 사회에서 자주 보는 일들이 내게도 일어납니다.

코로나가 극심한 시기에 계속 대규모 집회를 이어 간 종교단체가 있었죠? 그들은 "모이기를 힘써야 한다.", "예배를 폐하면 안 된다." 같은 말씀을 지키고자 최선을 다했어요. 그 순간엔 "네 이웃을 네 몸과 같이 사랑하라."나 "위에 있는 권세(사회지도층)에 순종하라." 같은 말씀은 떠오르지 않는 거죠. 누군가 그들에게 이런 말씀을 지켜 달라고 말하면 '순교를 두려워하지 않는 참 예배자'인 자신을 핍박

하는 세력이 되고 맙니다. 이미 믿고 있는 방향에 맞는 말만 주의를 기울이기 때문입니다. 이런 현상이 바로 인지 편향의 대표 격인 '확증 편향'입니다.

우리나라가 다문화 사회에 진입한 지는 이미 수십 년이 되었어요. 최근 '한류'가 세계적으로 유행하면서 한국의 음악, 영화, 드라마 등의 인기가 드높아졌습니다. 그래서 한국 문화와 한글을 배우고자 일찍부터 우리나라로 오는 학생도 점점 많아지죠. 개중에는 공항에 도착하면서부터 실망하는 사람도 있다고 해요. 재미있게도 한국 사람이 상상보다 훨씬 평범하기 때문이죠. 늘 영상을 통해 뛰어난 외모의 연예인을 보며 한국인에 대한 이미지를 키운 어린 학생에겐 '한국인은 아름답다.'라는 '고정관념'이 은연중에 생긴 거죠. '고정관념'도 대표적인 인지 편향입니다.

뇌도 어림짐작으로 결정한다고?

'휴리스틱'은 더욱 빠른 결정이 필요할 때 사용합니다. 복잡한 문제에 어림짐작으로 간단히 답을 내서 뇌가 시간과 에너지를 아끼려는 수단이거든요. 예를 들어 볼까요? 어느 날 뚜껑이 열려 있던 맨홀에 중학생이 빠져 사망했다는 뉴스를 보았어요. 같은 학교 학생이 하굣길에 당한 사고라 충격이었죠. 더구나 나도 자주 다니는 길이었어요! 다음 날부턴 어떻게 될까요? '혹시 맨홀 뚜껑이 열려 있지 않을까?' 불안해 자꾸 땅만 보고 걷게 되겠죠.

확률적으로 맨홀에 빠져 사망할 가능성은 까마득히 낮아요. 교통사고나 병을 조심하는 게 더 낫죠. 그런데도 뇌에 강렬하게 기억되었거나 계속 떠오르는 사건이 실제로 일어날 가능성도 높다고 느끼는 오류가 '가용성 휴리스틱'입니다.

또 다른 휴리스틱도 살펴볼까요? 늘 갖고 싶던 핸드폰이 있는데 회사의 가격 정책 때문에 할인을 하지 않아요. 가격도 비싸서 100만원을 훌쩍 넘죠. 부모님은 '학생에게 너무 비싼 물건'이라며 사 줄 생각도 안합니다. 그러던 어느 날 새 모델이 나오면서 앞 모델이 할인 행사를 시작했어요. 무려 86만 원이라는 저렴한 가격에 말이죠. 이번 기회를 어떻게든 잡겠다 결심하고 부모님을 조르기 시작했죠. 사실 그 핸드폰의 원가는 40만 원에 불과하고, 86만 원은 여전히 자신의 6개월 용돈을 훌쩍 넘는 비싼 돈인데도 너무나 싸게 느껴집니다. 100만 원이라는 가격에 뇌의 '기준'이 고정되어 있기 때문이죠. 이 같은 오류를 '고정 휴리스틱'이라고 합니다.

인지 편향과 휴리스틱은 빠른 결정을 내리는 데 도움이 됩니다. 항상 충분한 시간이 있는 건 아니니까요. 그러나 편견이나 실수의 원인이 되기도 해요. 그러니 중요한 선택이나 결정을 할 때는 객관적으로 충분히 정보와 상황을 살펴볼 필요가 있어요. 특히, 나의 약점이나 부족한 면을 드러내는 정보도 충분히 함께 살펴보아야 해요. 그래야 실수를 줄이고 건강한 선택을 하게 됩니다. 이런 선택이 쌓이면 어느새 나는 유연하고 시야가 넓은 사람이 되어 있납니다.

***진로 톡톡! 학습 & 인지심리학이 필요한 분야와 직업**

언어치료사 - 언어치료사는 학습심리학이 중요해요. 그리고 언어 발달 과정은 인지심리학의 대표적 연구 분야이기도 합니다. 아기는 태어나면서부터 외부와 상호작용하며 언어를 배우기 시작하죠.

여기에는 환경의 적절한 자극과 아기의 정상적인 신체 발달이 둘 다 중요해요. 한쪽에 문제가 생길 경우, 언어발달이 늦어지거나 멈추기도 해요. 언어치료사는 이런 문제를 정확히 진단하고 양육자와 협력해 치료에 필요한 자극을 주고 언어가 발달하도록 돕는 일을 합니다. 일반적으로 학사 전공 후 2급 자격에 응시합니다.

언어학자 - 인지심리학의 최대 공헌자 중 한명인 노엄 촘스키도 대표적 언어학자입니다. 그만큼 인지심리학은 언어연구와 가깝지요. 언어학은 이론 언어학과 응용 언어학이 있어요. 응용 언어학은 사실상 언어가 쓰이는 모든 분야와 연계됩니다. 언어학을 전공하면 국립국어원 교사부터 음성인식 AI 설계 및 개발에 이르는 광범위한 진로를 생각해 볼 수 있습니다. 다만 그 분야의 전문 지식이 필요해 석, 박사과정 등 추가공부는 필수입니다.

독서치료사 - 독서치료사는 기본적으로 '이야기'를 통해 사람의 마음을 치료하는 직업입니다. 다양한 삶과 인물을 담은 책에는 한 사람에게 울림을 주는 '이야기'가 반드시 있습니다. 신기하죠? 최근 문해력, 어휘력 부족에 대한 문제의식도 많지요. 독서치료사는 심리작업 외에도 독서 지도와 글쓰기 활동도 함께 병행합니다. 글을 통해 타인의 마음을 이해하고, 자신의 마음을 표현할 줄 아는 능력은 높은 수준의 소통능력입니다. 독서치료의 커리큘럼은 대부분 언어학습 발달 과정을 고려해 설계되지요. 그래서 학습심리학을 잘 이해하고 있어야 하죠.

학교상담사, 학습상담사, 진로상담사 - 모두 잘 알려진 직업이라 간단히 언급할게요. 학교상담사는 아이들이 학교에서 발달단계에 맞는 교육과정을 정상적으로 수행하는지 확인하고 학습에 잘 적응하도록 도와야 하죠. 사회심리학을 꼭 습득해야 해서 뒤에 자세히 다룰게요. 학습상담사는 말 그대로 아이들의 학습 능력 발달 및 적절한 학습 계획, 효과적인 학습 촉진을 목표로 합니다. 그리고 진로상담사는 적성에 맞는 분야의 진로를 찾고, 아이가 흥미 있게 전문적 내용까지 배울 수 있는 영역을 안내하는 일이 중요합니다. 그래서 세 직업이 다 학습심리학과 밀접한 관련이 있죠.

교육심리학자 - 교육심리학자는 학습심리학의 전문가입니다. 그만큼 학습심리학 연구와 활용이 중요한 직업입니다. 주로 아이들의 학교 교육 활동과 관련해 심리적 영향을 평가하고, 교육 내용의 발달적 적합성, 심리적 영향력 등을 연구합니다. 연령대 및 환경에 적합한 학습 이론을 개발하고 더 효과적인 교육 내용을 설계하기도 합니다. 특히 생활지도 영역에서 학생의 환경적, 신체적, 심리적, 사회적 문제를 효과적으로 지도할 커리큘럼을 연구합니다. 심리학보다는 교육학과 더 밀접한 관계에 있을 정도로 긴밀하게 협업하는 분야입니다.

신경심리학자, 임상신경심리학자 - 현재 뇌과학의 심리학적 연구는 인지심리학 분야에서 주로 이뤄지고 있어요. 평범한 지능의 사람이 뛰어난 통찰이나 아이디어로 세상을 놀라게 하는 일은 왜 일어날까? 선상한 뇌는 어떤 식으로 작동할까? 궁금했던 적 있나요? 우리가 하는 생각, 감정, 행동 및 모든 심리적 과정이 어떻게 뇌의 구조나 기능과 연관되는지 말이죠. 이걸 연구하는 사람이 신경심리학자입니다. 신경계가 마음과 몸에 작용하는 방식은 신기하고 놀랍지요. 앞으로 무궁무진한 연구가 쏟아질 거예요.

이런 연구 결과를 병원의 현장에 적용하는 사람이 있습니다. 신체적, 심리적 문제가 뇌 신경계 문제 때문인지 평가하는 사람이 바로 임상신경심리학자입니다. 환자가 겪는 문제의 정확한 원인을 찾고 필요한 치료 방식을 안내하는 직업이죠. 증상이 신경학적 장애, 정신장애, 어릴 때부터 손상된 발달적 장애, 또는 다른 의학적 장애인지 감별하려고 fMRI, CT 등 다양한 장비를 활용합니다. 주로 병원에서 일하면서 신경 기능에 손상을 입은 환자들의 관리와 재활치료를 담당하기도 합니다.

입학사정관 - 각 대학교에서 학생들을 '학생부종합전형'으로 선발하려고 고용한 사람입니다. 인재채용 및 대학입시전형 전문가죠. 앞서 말했듯 지능의 개념이 변하면서 인간의 능력에 대한 관점이 다양해졌어요. 이미 재능을 단순한 시험 성적으로만 평가해선 안 된다는 말이지요. 입학사정관은 그런 요구에 발맞춰 생겼고, 공정한 입시를 위해 독립적으로 활동합니다. 입시선발 관련 업무, 연구개발, 홍보 및 학생 발굴을 주요 업무로 합니다. 방대한 자료를 분석하는 통계 능력, 강한 윤리성, 심리적 이해 및 사회성이 요구되죠. 그래서 교육학이나 교육심리학을 배우고 학습 및 인지심리학을 학습할 필요가 있습니다. 보통 석사 이상의 학위가 요구되죠.

계량심리학자 - 계량심리학이라는 용어가 낯설지요? 하지만 급부상하는 심리학 분야랍니다. 큰형 격인 **실험심리학**에서 발달, 분화되었답니다. 실험심리학은 연구주제에 맞게 실험을 설계하고 정확한 결과를 얻도록 돕는 분야입니다. 그런데 원래 인간의 마음은 눈에 보이거나 수학 문제처럼 딱딱 정답이 나오지 않잖아요? 그런 마음을 어떻게 연구하고 수치로 분석해 낼까요? 적절한 연구 방법을 찾아내고, 결과들을 분석해 통계적 자료로 만들고, 우리가 이해하는 그래프와 수치로 바꿔 주는 사람이 바로 계량심리학자입니다. 심리학 연구에 감초 같은 숨은 영웅이라고 할까요? 인지심리학에서 매우 중요한 역할이죠. 계량심리학자는 통계에 능하고, 수학적 분석모델을 만드는 일의 전문가입니다. 심리검사 개발에서 가장 중요한 신뢰도와 타당도를 분석하는 역할도 하죠.

DB디자인분석가 - 이런 통계적 모델 디자인 및 분석은 이미 우리 삶 속에 어마어마한 영향력을 미친답니다. 대부분의 기업은 이제 데이터베이스분석가를 꼭 필요로 합니다. 매출 및 산업 관련해 유통되는 정보를 통계적으로 분석해서 이해하고 효과적으로 대응하기 위해서죠. 빅데이터나 DB(데이터베이스)같은 말은 한 번쯤 들어 봤죠? 필요한 정보들을 수집하고, 다년간 쌓고 분류해 관리하는 가상공간이 데이터베이스입니다. 기업들은 이제 단순히 효율적인 정리를 넘어서 인간이 알아보기 쉽고 추세나 변화가 직관적으로 드러나도록 DB를 디자인하고 싶어합니다. 그렇게 소비자의 심리 및 시장 변화를 알아보기 쉽도록, 또 인간이 이해하기 쉽도록 인지심리학을 활용해 DB를 설계, 디자인하는 사람이 DB디자인분석가입니다.

응용통계학자 - 계량심리학의 능력을 분야를 넓혀 의학 및 사회학, 농업, 여론조사, 교육, 환경 및 기상, 공학 등 다양한 분야에 적용하는 사람입니다. 사실 현대 산업에서 통계는 강력하고 실용적인 무기입니다. 어떤 분야든 데이터를 모아 효율적으로 분석해 빠르게 올바른 답을 알려 주죠. 모든 연구에서 통계적 결과는 과학적 의사결정의 근거가 됩니다. 그만큼 미치는 영향력이 크답니다.

약물심리학자 - 약물심리학은 뇌신경학, 임상신경학과 더불어 빠르게 발전하는 분야입니다. 약물이 인간의 뇌 및 감각, 몸의 상태에 어떤 영향을 미치는지 연구합니다. 주로 심리적 질병을 치료하는 신약 개발과 여러 약물이 뇌에 미치는 부작용 등을 연구합니다. 제약회사, 신경생리학 연구실에 주로 근무합니다.

공학심리학자 - 인지심리학의 다양한 연구 결과를 활용해 산업 및 공학에 적용하는 일을 하는 사람입니다. 인지심리학은 인간의 생각과 행동 특성 및 신체감각 능력, 그리고 한계를 구체적으로 알려줍니다. 이런 연구 결과를 활용하면, 공장의 기계를 디자인할 때 사고 날 가능성을 획기적으로 줄이는 디자인이 가능하죠. 마찬가지로 사람들이 더 좋아하고 쉽게 조작하도록 상품을 디자인 할 수도 있습니다. 인지공학의 대표적 발명품이 바로 핸드폰 자판 배열이랍니다. 구글, 애플, 마이크로소프트, 네이버 같은 IT 기업에서 일찍부터 일했죠. 최근에는 가전제품의 스마트 시스템, 자율주행 차량 시스템이 개발되면서 삼성, 엘지, 현대 같은 곳에서도 일한답니다.

AI 설계 & 개발연구원 - 인지심리학이 밝혀낸 인간 특성을 AI 설계에 많이 적용하고 있습니다. 언어학습 시스템은 결정적으로 기여했죠. 실은, 챗GPT 같은 AI는 인간의 두뇌와는 전혀 다른 원리로 작동합니다. 거울뉴런의 본능적 공감 반응이나 상호 묘사가 일어나지 않죠. 그동안 축적된 정보에 기반해 확률적으로 더 유용하거나 적합한 반응을 도출해요. 그럼에도 현대 AI는 마치 사람과 대화하는 듯 반응합니다. 그게 가능한 이유는 바로 인지심리학의 연구 성과 덕분이지요. AI 개발 분야는 더 이상 인지심리학과 따로 떨어진 분야가 아니랍니다.

행동신경과학자 - 생물학적 기초 위에서 심리학적 접근을 하는 분야입니다. 사람과 동물의 행동을 관찰 연구하던 옛날에는 '생물심리학'이라고도 불렸죠. 현대 신경과학이 발전하면서 지금은 신경생리학을 많이 포함하게 되었어요. '심리학에서 뇌를 다루는 건 이해가지만, 신경 연구는 왜?'하는 사람도 있을 거예요. 사실 뇌는 큰 신경계 덩어리랍니다. 즉, 뇌과학이 신경과학의 하위 과목이라고 할까요? 사람과 동물은 모두 신경계를 통해 움직이고 경험해요. 그래서 신경생리학적으로 보면 다른 면도 많지만 공통된 면도 많답니다.

반려동물을 키우는 사람이라면 '나와 교감한다'는 느낌을 많이 받아 보았지요? 서로 신호를 주고받는 비슷한 신경계 영역이 있어 그렇답니다. 인지심리학은 이제 복잡한 신경계의 상호작용인 행동과 사고를 밝히고 있답니다. 행동신경과학자는 사람과 동물의 생리적, 유전적, 환경적, 사회적 발달 체계를 생물학적으로 연구하는 일을 합니다.

첨단의료기 설계 & 개발자 - 공학심리학과 뇌신경학의 발전은 의료분야에 큰 영향력을 미칩니다. 의료는 사람 몸을 직접 다루잖아요? 알고 보면 인지심리학의 연구 성과가 꼭 필요한 분야죠. 이제는 첨단 의료기 및 진단장비를 설계할 때도 심리학이 활용됩니다. 병원검사의 긴장과 불편을 줄이고 더 정확한 결과를 얻도록 변화되고 있어요. 나아가 스마트 헬스케어 장비 개발도 활발하죠.

스마트 워치도 헬스케어 기기란 거 알았나요? 사용자의 심박수, 활동량, 보행 안정성, 수면 질과 양 등을 측정해 건강상태를 알려 주고, 응급 시엔 119를 불러 주기도 합니다. 이런 기능과 연계된 보험도 있답니다. 앱으로 보는 혈당 측정기, AI를 활용한 심혈관질환 진단기도 이미 사용되고 있어요. 앞으로 스마트 의료장비 개발 분야는 가능성이 무궁무진 합니다.

항공우주심리학자 & 우주장비설계 및 개발자 & 우주환경프로그램 & 우주인훈련프로그램 개발자 - 이 직업들은 하는 일이 조금씩 달라요. 하지만 지면이 충분치 않아 묶어서 간략히 소개할게요. 공통점은 나사(NASA-미항공우주국)에서 함께 일한다는 점이죠. 물론 우리나라에도 항공우주연구원이 있습니다. 우주공학은 현재 신경과학, 인지심리학과 가장 밀접하게 협업하고 있어요. 우리의 몸과 마음은 지구 환경에 잘 적응하도록 맞춰져 있답니다. 우주는 완전히 다른 척박한 세계여서 인간은 우주에 가면 예상치 못한 어려움을 겪습니다. 안전한 우주선 안에서도 말이지요.

예를 들어 우리의 눈은 무한한 우주공간을 보면 비교할 사물이 없어 초점을 맞추지 못해요. 결국 원근감을 잃게 됩니다. 또 단조로운 환경의 우주선 안에서 생활하면 감각자극이 부족해져서 판단 능력이 현저히 떨어지거나 환각을 경험하죠. 이런 현상은 과학자를 당황케 했어요. 그래서 **항공우주심리학**이 탄생합니다. 현상의 원인을 밝히고 우주비행을 하는 동안 건강하고 정상적인 임무수행이 가능하도록 환경을 연구하는 학문이죠.

항공우주심리학과 인지심리학의 연구 성과는 **우주장비설계**와 우주생활 환경을 구성하는 프로그램에 적용됩니다. 우주선 및 우주복, 우주기지 내 이동 동선 및 기계조작 시스템 등 우주에서 사용하는 모든 것에 심리학이 적용되죠. 최근 SF 영화에도 우주기지에서 식물을 기르거나, 지구의 자연 환경 홀로그램을 가득 채운 방이 나오죠?

수많은 실험과 시험을 거쳐 인간이 적응할 만한 장비와 **환경프로그램**을 만들면, 그 장비와 환경에서 생활하는 **우주인훈련프로그램**을 개발합니다. 훈련을 통해 가장 인간이 잘 적응할 시스템과 우수한 적응력을 보인 비행사가 선택되죠. 앞으로 우주여행이나 우주기지 생활은 점점 확대될 거예요. 우주공학과 심리학적 지식을 동시에 필요로 하는 어려운 분야이지만, 전망은 너무나 밝습니다.

게임 설계 및 개발자 - 여기까지 읽었다면 게임 개발에 왜 인지심리학이 필요한지도 막연히 이해할 듯해요. 게임은 인기 있는 대중문화 콘텐츠이자 수익 창출이 중요한 산업이죠. 많은 사람에게는 자라면서 재밌게 즐겼던 추억의 게임이 있어요. 오래 사랑받는 몇몇 게임은 세계 선수권 대회가 열리는 스포츠로 자리 잡았습니다. 사람들이 끌리고 좋아할 만한 게임, 오래 즐기고 꾸준히 돈을 투자할 게임을 만드는 일에 심리학은 너무나 유용해요. 그래서 블리자드 같은 큰 게임사는 이미 몇십 년 전부터 게임 개발에 심리학자를 참여시켜 왔습니다. 이젠 대부분 게임 설계 및 개발 단계부터 뇌신경학 및 인지심리학을 활용합니다. 대표적인 예가 '도파민 보상 체계'를 활용한 아이템 획득 시스템이죠.

시스템 설계 & 분석가 & 사용자경험(UX)분석가 - 앞서 DB설계에 심리학이 활용된다는 얘길 했지요? 나아가 소셜미디어, 웹 커뮤니티, 각종 업체의 고객 응대 및 상담 시스템 설계도 이미 심리학자가 참여하고 있습니다. 나아가 스마트폰부터 가전제품, 자동차 등 말 그대로 사람이 사용하는 대부분 상품의 사용자 경험을 설계하고 만족도를 분석해 주는 분야도 있어요. 산업 분야는 모두 심리학의 협업 영역이 되었다 해도 과언이 아니죠. 다만 각종 소프트웨어와 네트워크 구성에 필요한 IT전산 지식, 응용통계학적 지식이 필요합니다.

정말 다양한 직업이 있죠? 인지심리학 및 응용 분야와 관련된 이

곳에 싣지 못한 직업도 많답니다. 다만, 여러분에게 현실적인 도움이 되도록 가능한 다양한 영역을 소개하고자 노력했어요. 위 직업 중 대부분은 아직 심리학과 관련 학과를 같이 전공하거나 전문 훈련을 받아야 해요. 석사 이상의 학위가 필요한 직업도 있지요. 분야별 융합으로 태어난 신생 직업이 많기 때문이랍니다. 그만큼 전망도 밝으니, 관심이 있다면 용기 내어 도전해 보아요.

"나와 우리를 연구해요": 성격심리학과 사회심리학

심리학 하면 MBTI부터 떠올리는 친구도 많지요? '나는 어떤 사람일까?', '친구와 잘 지내는 방법은 뭘까?' 같은 궁금증 때문에 심리학에 관심을 가진 사람도 많을 거예요. 그런데 아기 이야기부터 생각지 못한 AI와 뇌 이야기까지 나와 혹시 당황하진 않았나요? 그랬다면 이제부턴 기대해요. 바로 여러분이 궁금해하는 이야기를 알아볼 차례니까요. 한 사람의 성격은 어떻게 만들어지는지, 다른 사람과의 차이는 어떻게 이해해야 할지의 이야기입니다.

지금까지 좀 복잡한 내용까지 다루며 인간 마음의 공통된 부분을 먼저 살펴봐야 했던 이유가 있어요. 밑그림을 그려야 했거든요. 인간의 마음은 어떻게 발달하는지, 어떤 식으로 움직이고 기능하는지, 현재 마음 연구는 어디로 나아가는지 알아야 '아, 이런 바탕과 흐름 위에서 나의 성격을 이해하는 거구나.' 감각이 생긴답니다. 심리학의 기본 틀을 잡고서 개인을 들여다보면 필요한 변화나 발전 방향도 내다볼 수 있게 됩니다. 자, 이제는 밑그림 위에 한 사람의 개성을 그려 볼까요?

세상에서 하나뿐인 '나다움'

유전자가 똑같은 일란성 쌍둥이도 지문과 눈동자 모양은 다르다는 걸 아나요? 가족조차 구분하기 어려운 쌍둥이어도 말이죠. 그렇다면 성격은 어떨까요? 물론 성격도 50% 정도는 유전의 영향을 받아요. 그러니 쌍둥이는 성격도 비슷할 확률이 높지요. 어릴 때 떨어져 따로 자란 쌍둥이에 대한 미네소타 연구는 신비로운 결과를 보여줍니다. 한 번도 만난 적 없는 두 사람이 얼마나 비슷한 삶을 살았는지 말이죠.

세계 2차 대전 때 헤어져 사회적 경제적으로 전혀 다른 환경에서 자란 한 쌍둥이 얘길 해 줄게요. 한 번도 만난 적 없는 두 사람은 면접 장소에 7개의 반지를 낀채 나타났어요. 두 사람 모두 영국에서 살았고, 집 짓는 일을 하고 있었지요. 옷장에 똑같은 옷들이 있었고 심지어 같은 향수를 뿌리기도 했습니다. 놀랍지요?

여러분도 자라면서 부모님의 외모나 성격을 닮아 간다는 말을 많이 들었을 거예요. 연구에 의하면 유전자가 성격에 영향을 미치는 건 확실합니다. 우리가 발달심리학에서 잠시 살펴본 '기질'이 바로 타고나는 성격적 부분이지요. 그럼에도 똑같은 성격을 가진 사람은 이 세상에 단 한 사람도 없답니다. 왜냐하면 성격에는 유전자 말고도 다른 여러 요소가 영향을 미치거든요.

한 사람의 '성격'은 단순하게 보면 '감정', '생각', '행동'으로 나타납니다. 그리고 그 반응이 '참 그 사람답습니다.' 예를 들어 볼게요. 지금 친한 사람을 한 명 떠올려 보세요. 그리고 그 사람과 놀이동산에서 롤러코스터를 탄다고 상상해 보세요. 당장 떠오르는 그 사람의 표정은 어떤가요? 무슨 생각을 하고, 말을 할 것 같나요? 신나게 좌석에 앉나요, 절대 안 타겠다면서 물러서나요? 지금 어떤 기분일까요? 그 사람을 잘 아는 여러분에겐 이 모든 상상이 순식간에 일어납니다. 바로 그 사람의 '성격'을 잘 알기 때문입니다. 성격은 여러 상황에서 한결같이 '그 사람다움'을 보여 주지요. 마치 지문이나 눈동자 홍체의 모양처럼 말이죠. 성격의 정의는 '한 사람이 다른 사람과 구별되는 고유하고 독특한 마음의 특성'입니다. 이 성격은 나이가 들어도 잘 변하지 않지요.

날실과 씨실처럼: 유전과 환경의 상호작용

그럼 이 '나다움'은 어떻게 생길까요? 아까 유전자가 같아도 다른 성격이 된다고 했잖아요? 유전자에 더해 영향을 미치는 건 뭘까요? 바로 '환경'입니다. 이 '환경'이라는 말에는 많은 것이 포함되어요. 태어나는 순간부터 중요한 사람들과 맺는 '관계', 소속된 '사회적 분위기' 받게 되는 '교육', 자라면서 만나는 다양한 '경험'이 모두 성격에 영향을 줍니다. 마치 옷감을 짜거나 매듭을 땋듯이 환경과 유전은 서로 깊게 얽혀 성격을 만들어 갑니다.

예를 들어, 현대 유전자 연구에 따르면 알콜중독이 쉽게 발생하는 유전 성향이 실제로 있어요. 하지만 이 유전자를 가진 아기도 어릴 때부터 술을 접하지 않는 환경에서 자라면 알콜중독자가 되지 않습니다. 지금은 '후성유전학'을 통해 환경이 유전자의 발현을 자극할 수도 하지 않을 수도 있음이 밝혀졌죠. 심지어 환경적 영향은 유전자를 후천적으로 바꾸기도 합니다.

'어, 그럼 성격을 어떻게 파악하지? 복잡해지는데?' 하는 생각이 들지요? 같은 고민을 오래 전부터 수많은 사람이 했기에 오늘날 성격심리학이 발전했어요. 고대 그리스의 히포크라테스는 사람을 체액의 성질에 따라 '혈액', '담즙질', '우울질', '점액질'로 구분했어요. 조선시대의 이제마 선생님은 체질에 따라 '태양인', '태음인', '소양인', '소음인'으로 구분해 성격을 이해했죠. 여러분이 잘 아는 MBTI 검사도 이런 노력이 쌓이고 쌓여 개발된 거랍니다. 융의 성격유형이론에 관심을 가진 브릭스 마이어스와 딸 이자벨이 대를 이어 가며 수많은 사람의 데이터를 모으고 정리해 만든 성격유형검사가 바로 MBTI입니다.

하지만 혈액형 하나로 나를 다 설명하지 못하듯이, 한 사람의 성격을 제대로 이해하려면 한 가지 성격유형론으론 많이 부족합니다. 그래서 상담현장에서 내담자를 이해할 때도 심리검사를 여러 종류 실시하고 충분한 면담을 합니다. 사람의 마음 상태를 제대로 파악하려면 여러 번의 교차검증이 필요하답니다. 그만큼 한 사람의 마음은 체계적이고 깊은 이해가 필수라는 말이지요. 그러니 다른 사람에 대해 쉽게 생각하고 쉽게 말하는 사람은 '제대로' 알고 말하는 게 아니겠지요?

'사람마다 성격이 다른 이유는 무엇인지?', '어떻게 그런 성격이 형성되는지?', '왜 그 사람은 지금 그런 감정을 느끼고 행동을 하는지?' 설명하지 못한다면 성격심리학이 아니겠지요. 그래서 심리학자들은 개인의 성격이 어떻게 만들어지는지, 개성은 어떻게 발달하고, 왜 그 사람은 현재의 대처 방식을 갖게 되는지 설명하고자 노력했어요. 바로 사람의 성격형성과정을 이해하고자 한 거죠. 한 사람이 지금 그 성격이 된 이유, '성격이론'의 등장입니다.

프로이트: "인간의 성격은 리비도와 함께 발달합니다"

심리치료의 문을 활짝 열어젖힌 프로이트에 대해 이미 좀 알아보았죠? 프로이트가 인간의 내면을 의식, 전의식, 무의식의 빙산구조로 설명한 것을 기억할 거예요. 그리고 자아, 초자아, 원초아가 서로 갈등하고 타협하며 대처 방식이 만들어지는 과정을 우리는 보았지요. 그러면 이런 성격 구조는 언제 어떻게 만들어질까요? 프로이트는 인간의 성격이 생후 5~6년 사이 대부분 결정된다고 보았답니다. 그렇게 빠르다니 놀랍죠?

심리성적 발달단계

단계	쾌감의 원천	인성 발달	고착
구강기(0~1세)	빨기, 먹기	신뢰, 평안	과식, 과음, 흡연, 타인에 대한 의존성이나 공격성
항문기(1~3세)	배변 통제	자신감, 통제감	지나친 꼼꼼함과 완고함 혹은 무질서와 지저분함
남근기(3~6세)	생식기 자극	성 역할	자만성, 무모함

잠복기(6~12세)	성적 관심 억압	또래관계	성숙하지 못한 대인관계
성기기 (사춘기 이후)	성숙한 성적 관계	성적 친밀감	

프로이트가 제시한 심리적 발달단계는 간단히 정리하면 위의 표와 같습니다. 프로이트는 인간이 태어나면서부터 원초적으로 타고 나는 큰 에너지가 이동하며 성격발달이 일어난다고 보았어요. 이 에너지가 우리 삶의 원천이라고 했죠. 이 에너지를 바로 '심리성적 에너지', 즉 '리비도(libido)'라고 불렀습니다.

프로이트는 아기가 태어나면 처음엔 리비도가 입에 집중되는 '구강기'를 거친다고 해요. 이 시기 아기는 온 힘을 다해 젖을 빨고, 흥미로운 것은 무엇이든 입으로 가져갑니다. 입으로 배고픔, 탐색 욕구를 충족하면서 아기는 건강하게 긴장을 해소하고 만족감을 느끼죠. 이 시기 욕구가 잘 충족되면 아기는 세상을 신뢰하고 평안한 성품을 갖게 됩니다.

충분히 빨기 욕구를 충족하지 못하고 너무 일찍 젖을 떼거나 하면 아기는 큰 좌절과 갈등을 경험해요. 이런 영향이 성격형성에 영향을 준다고 프로이트는 생각했어요. 그 영향을 '고착'이라고 불렀죠. 각 단계의 욕구가 건강하게 충족되지 못할 때 '고착'이 생기고 성인이 되어서도 성격에 나타난다고 말이죠.

생후 1년에서 3세 사이에 아기는 '항문기'를 거칩니다. 스스로 변을 참거나 내보내 보면서 긴장 해소와 만족감을 느끼죠. 이 시기 아기는 스스로 조절하는 통제감과 자신감을 얻게 됩니다. 부모는 이때쯤 아기에게 배변훈련을 시작해요. 화장실을 쓸 줄 알도록 가르치고,

기저귀를 졸업하는 훈련이지요. 아기는 자기 맘대로 배변하고 싶지만, 처음으로 화장실 사용법을 배우기 시작합니다. 첫 질서 훈련이지요. 이 과정에서 부모님이 지나치게 깔끔하거나, 반대로 계속 기저귀를 쓰고 제대로 배변훈련을 시키지 않아도 '고착'이 일어납니다.

아기가 주로 어린이집에 다니는 시기인 3~5세 사이 '남근기'를 거칩니다. 이 시기 리비도는 성기에 집중된답니다. 그래서 아이들은 자기 성기를 곧잘 만지고 놀곤 하죠. 아직 전혀 성적인 개념은 없어요. 그저 자기 몸의 일부분이 재밌고 만족스러운 거죠. 이 시기 충분한 만족을 경험하면 건강하고 유연한 성 역할 개념을 갖게 됩니다. 프로이트가 말한 '오이디푸스 콤플렉스'도 이 시기에 일어나는 현상이랍니다.

어른들이 아기의 놀이에 놀라거나 수치스러운 행동이라고 금지시키면 '고착'이 생깁니다. 그러면 아이들은 성이 뭔가 수치스럽고 부끄럽다고 느낍니다. 이 시기 남녀 구분을 처음 하기 시작하는데, 자신의 존재나 몸에 대해서 불편감을 느끼기도 해요. 그래서 이 시기 고착은 우울, 불안 같은 심리적 어려움과 관련이 많다고 해요.

5세~사춘기 전까지는 몸의 특정 부분에 리비도가 집중되지 않고 숨어 버린 듯하다고 해서 '잠복기'라고 불러요. 대신 아이의 관심은 외부 세상으로 향합니다. 그래서 환경에 적응하는 기술을 배우고 친구들과 같이 놀며 사회적 능력이 발달하죠.

사춘기부터 그 이후 전 생애를 프로이트는 '성기기'라고 불렀어요. 이때 다시 리비도가 성기에 집중되고 급격한 몸 성장과 변화가 나타납니다. 남근기와 달리 분명한 성적 욕구와 관심이 생기죠. 처음 연애 감정을 느끼며 성숙한 성적 관계를 연습하고 배웁니다. 사춘기를 건강하게 통과하면 건강한 성적 친밀감을 형성할 수 있어요. 행복한 연애와 건강한 가정을 이룰 기틀을 마련하는 시기지요.

찬성과 반대가 키운 정신역동심리학의 숲

프로이트는 대단한 사람입니다. 당시 사회적으로 소외되던 유대인으로 태어났지만, 시대를 바꾸는 혁신적 개념을 내놓았죠. 그리고 진정한 심리치료의 문을 열어젖혔습니다. 그는 평생 자신의 이론을 과학적인 태도로 바라보며 수정해 갔습니다. 예를 들어, 처음엔 성적 에너지인 '리비도'만이 인간 내면 역동의 근원이라고 했어요. 성을 억압하던 빅토리아 시대에 '성욕'이 마음의 근원이라니, 충격적 주장이었죠. 엄청난 반대에 부딪히면서도 그는 신념을 굽히지 않았어요. 그러나 세계 2차 대전을 겪은 후 그는 생명 에너지인 '리비도'와 반대되는 파괴적 에너지인 '타나토스'도 인간 마음에 작동한다고 수

정했죠. 개인의 정신세계를 강조한 초기 이론과 달리, 생애 후반으로 갈수록 그는 관계의 힘에 관심을 갖습니다. 후기 논문에는 오늘날 심리치료에 중요한 토대인 '대상관계'라는 말이 처음 등장합니다.

끊임없이 발전하고자 한 프로이트도 피하지 못한 결점이 있었어요. 바로 '완고함'이죠. 프로이트의 '성욕이 인간 내면의 근원이다.'라는 주장은 초기부터 강력하게 비판받았습니다. 그러나 자신이 발견한 원리를 타협하지 않는 프로이트의 올곧음은 결국 정신분석학을 강력한 학파로 우뚝 세웠죠. 많은 동료와 제자들이 그의 연구에 감동해 모여들었고, 함께 인간 내면을 더 깊이 연구했습니다. 융, 아들러, 호나이, 설리번, 알렉산더, 에리히 프롬 등 역사에 족적을 남긴 뛰어난 심리학자가 그와 함께 정신분석가가 되었어요.

정신분석학에 대한 연구가 깊어지면서 더 다양한 내면의 역동을 발견하게 된 동료들은 프로이트에게 '리비도'의 개념을 더 확장하자고 요청했죠. 그러나 그는 '성적 근원' 외에 다른 근원을 인정하지 않았고, 다른 개념의 연구를 발표하는 동료나 제자는 과감히 쳐내었습니다. 신념을 지켜 낸 완고함이 갈등과 분열을 낳게 된 거죠.

앞서 언급한 심리학자들은 결국 프로이트와 헤어져 독립적 길을 가게 됩니다. 융은 무의식의 한층 더 깊은 차원인 '집단 무의식'을 발견했어요. 아들러는 성적 욕구 대신 사회적 욕구인 '열등감'이 심리 역동의 근원이라고 보았죠. 설리번은 사람이 태어나면서부터 평생 소속돼 경험하는 '관계'와 성격발달은 떼어 놓을 수 없다고 보았어요. 그는 여러 사람이 모여 관계성으로 치료하는 집단상담을 처음 개발한 사람입니다. 사회심리학의 창시자이자 <사랑의 기술>이라는 책으로도 유명한 에리히 프롬은 설리번의 동료였죠. 알렉산더는 마음을 치료하는 결정적 힘은 치료실에서의 '교정적 정서 경험'이라고 보았어요. 이외에도 다 열거하기 어려울 만큼 많은 정신분석가가 마음을 연구했답니다. 프로이트가 심은 정신역동의 씨앗은 깊고 아름다운 숲을 이루게 됩니다.

그럼 프로이트의 이론은 어떻게 되었을까요? 그의 이론은 막내딸인 안나 프로이트가 계승해 확장하고 명료하게 다듬었습니다. 그녀가 정리한 방어기제와 자아기능은 이후 정신분석학 발전에 크게 기여했죠. 안나의 제자이자 발달심리학자이기도 한 에릭 에릭슨은 전 생애에 걸친 심리사회적 발달단계를 연구했습니다. 그의 발달단계는 오늘날까지 신뢰받는 아름다운 이론이죠.

에릭 에릭슨: "인간은 전 생애에 걸쳐 성장합니다"

에릭슨은 프로이트의 발달이론에 동의했지만, 리비도 발달은 전 생애 중 초기발달이라고 했어요. 프로이트의 주장과 달리, 성격발달은 전 생애에 걸쳐 이뤄진다고 보았죠.

에릭슨의 심리사회적 발달단계

단계	발달 과업	덕성	주요 관계
1단계(0~1세)	신뢰감 vs 불신감	희망	부모님과의 관계
2단계(1~3세)	자율성 vs 수치심	의지력	부모님과 가족
3단계(3~5세)	진취성 vs 죄책감	목적의식	가족과 친척
4단계(5~12세)	근면성 vs 열등감	유능감	이웃과 친구
5단계(청소년기)	정체감 vs 역할 혼미	충성심	또래집단

6단계(성인초기)	친밀감 vs 고립감	사랑	이성, 우정, 직장 동료
7단계(성인중기)	생산성 vs 침체성	배려	자녀 양육, 직장 관계
8단계(노년기)	자아 통합 vs 절망감	지혜	가족, 민족, 인류애

간단히 표로 정리해 보면 에릭슨의 발달단계는 위와 같아요. 훨씬 내용이 풍부한 느낌이죠? 에릭슨도 1단계부터 5단계까지는 프로이트와 동일한 나이 기준을 따릅니다. 태어난 첫해에 아기는 세상에 대한 **기본적 신뢰감**을 획득해요. 부모님의 일관된 양육과 애착 어린 상호작용은 아기에게 '나는 참 괜찮은 존재구나.', '이 세상은 믿을 만한 곳이구나.'라는 정서적 토대를 만들어 주죠. 이 느낌은 전 생애 동안 세상을 대하는 태도가 됩니다. 만일 이 시기에 신뢰감을 쌓지 못하면 기본적으로 외부 세계를 불신하고 두려워하는 태도를 갖게 된다고 에릭슨은 보았어요.

1~3세 사이 아이는 걷고 뛰기 시작하며 왕성한 호기심을 보이죠. 아기는 뭐든 스스로 해보려 합니다. 스스로 원하는 곳으로 가고, 흥미로운 물건을 탐색해 보며 **성취감**과 **자부심**을 갖게 되죠. 이 나이는 애착 유형이 결정되는 시기이기도 하답니다. 아기가 스스로 해보려는 행동이 계속 실패하거나 방해받아 좌절되면 아기는 열등감과 수치심을 갖게 된다고 해요.

3~5세 사이 아이는 앞서 발달한 자립심과 자율성을 토대로 스스로 계획하고 실천해 보려고 합니다. 어떤 그림을 그릴지 생각해 원하는 도구로 그려 보거나, 자기가 생각한 순서대로 장난감을 놓아 보는 등 아이에겐 다양한 계획이 있죠. 이런 계획을 실천해 보며 아이는 **진취성**과 **자발성**을 갖게 됩니다. 그러나 이런 과업에 실패하면

아이는 수치심과 강한 죄책감을 갖게 된다고 해요.

5~12세(사춘기 이전) 사이 아이는 왕성하게 사회의 규칙을 배우고 사회성이 발달하는 시기입니다. 프로이트는 잠복기라고 불렀죠. 이 시기 아이의 관심은 외부 세계로 향합니다. 생활에 필요한 많은 능력을 습득하고 쓰기, 읽기, 셈하기 등 학습 능력도 발달합니다. 학교생활을 하고 친구들과 놀며 협동심과 책임감도 배웁니다. 이런 왕성한 발달 과정을 잘 습득한 아이는 **자신감**과 **근면함**을 갖게 됩니다. 그러나 이 시기 사회적 적응에 실패하거나, 꾸준한 생활 습관을 갖지 못하면 좌절감과 열등감이 생기게 되죠.

사회 속에서 성장하는 인간

에릭슨이 프로이트와 확연히 구별되는 시점은 청소년기부터입니다. 바로 여러분의 시기죠. 청소년기는 모든 아이에게 급격한 변화의 시기입니다. 호르몬 변화로 빠르게 몸이 성장하고 여성, 남성으로 변해 갑니다. 아이도 아니고 어른도 아닌 '과도기'를 통과하며 청소년은 자아 정체감을 고민합니다. 사회에서도 더 어려운 공부와 복잡한 역할이 주어지죠. 부모님이나 선생님, 친구들과도 관계가 변하고 새로운 역할을 경험하게 됩니다. 이런 새롭고 다양한 역할을 잘 통합하고 자신에 대한 개념을 잘 정립하면 안정된 **정체감**이 형성된답니다. 그러면 앞으로 만나는 다양한 역할과 관계를 바르게 해 갈 힘이 생깁니다. 청소년기 과업은 누구에게나 어려워요. 만일 이 시기에 정체감 확립이 잘 되지 않으면 무엇을 해야 할지 역할 혼란이 오고 무기력과 절망감을 경험합니다.

질풍노도의 시기인 청소년기를 통과하면 비로소 성인기에 접어듭니다. 성인기 초반(20~40대)에는 인생의 중요한 일을 여러 가지 결정한답니다. 취업과 결혼, 사회생활 적응 등이죠. 이런 과제를 잘 풀어 가려면 동료, 이성, 어른과 친숙하고 지속적인 관계를 맺을 수 있어야 합니다. 이런 친밀한 관계를 경험하며 우리는 사랑, 신뢰, 존경, 책임지는 태도를 배우게 됩니다. 진정한 성인이 되어 가는 거죠. 이 시기 **친밀감**을 경험하지 못하면 외로움과 고립감을 느끼게 돼요.

성인기 중반은 중년기라고도 부르죠. 가정적, 사회적으로 한창 **생산성**을 내는 시기입니다. 열심히 자녀를 키우고, 일터에서도 사회의 핵심 인력으로 바쁘게 일합니다. 삶의 진로가 확고해지고, 자녀 세대의 미래를 생각하며 사회적 관심도 깊어집니다. 사회적으로 적응 해낸 이 시기는 자신의 역할에 대해 좀 더 창조적으로 고민하고 노력하죠. 창조적, 생산적인 활동은 성취감과 만족감, 기쁨을 줍니다. 그러나 사회적 일원으로 충분히 역할을 한다고 느끼지 못하면 삶이 단조롭고 침체감을 겪게 됩니다.

노년기에 이르면 자신의 인생을 돌아보고 의미를 찾는 작업을 하게 됩니다. 결혼과 자녀, 직장생활, 교우관계 등 살아온 삶을 수용하면 만족감과 살아온 삶에 대한 자신감이 생깁니다. 이렇게 삶과 **자기가 통합**되면 자신의 인생을 긍정적으로 바라보며 '이만하면 성공한 삶이다.'라는 느낌과 함께 다가올 죽음도 좀 더 담담히 바라봅니다. 그러나 인생을 수용하지 못하면 허무함과 고독감이 들고, 죽음이 가깝다는 사실에 절망을 느끼게 된다고 해요.

에릭슨은 인간이 일생 동안 성장 가능성과 역할에 대한 책임을 지닌 존재라고 바라보았답니다. 그는 무의식보다 자아(ego)의 힘을 강조했어요. 성격의 운전대를 잡은 자아가 얼마나 발달하고 균형 잡힌 역할을 수행하느냐에 따라 일생 동안 성격은 계속 변한다고 보았죠. 찬찬히 읽다 보니, 생애 단계에서 주위 사람과의 관계가 성격에 큰 영향을 미침이 보이죠? 자아는 사회 안에서 다른 이와 상호작용하며 성숙해 간다고 에릭슨은 생각했어요. 타고나는 기질이 원초아(id)의 부분이라면, 자아는 문화, 가족, 동료 등 사회적 환경에 영향을 받는다는 거죠.

이런 통찰은 대부분의 후기 정신분석가가 공유하고 있답니다. 그래서 애착심리학도 집단상담도 사회심리학도 모두 정신분석가가 처음 만들었어요. 오늘날 대부분 심리학의 뿌리는 정신역동에서 나왔지요.

인간을 다시 존엄한 주체로: 인간중심 심리학

프로이트만큼 심리치료에 큰 영향을 미친 다른 인물을 꼽으라면 저는 로저스를 꼽아요. 로저스의 '인간중심' 접근은 오늘날 심리치료의 기본 토대가 되었어요. 현대 정신역동치료에도 깊이 스며들었지요. 그러나 로저스는 처음에 프로이트와 왓슨에 대해 강력히 비판하면서 등장했어요. 바로 인간의 '주체성'과 '자기실현 경향성'을 무시하기 때문이었지요.

로저스가 바라보는 개인은 모든 생물처럼 태어나면서부터 생명력을 품은 존재입니다. 꽃과 나무와 동물이 자기답게 자라듯, 인간도 자기실현의 방향으로 성장하고자 하는 열망을 가진 존재죠. 그래서 그는 모든 내담자는 변화하려는 동기와 능력을 갖고 있다고 했어요.

자신이 변화해야 할 방향을 결정하는 최고 전문가는 자기이라고 했죠. 그래서 로저스는 환자의 문제를 진단하고 원인을 분석하는 정신분석가의 자리에서 내려왔습니다.

당시엔 치료사가 내담자의 문제 원인을 먼저 파악해 치료 과정을 계획, 안내하는 지시적 역할을 주로 했어요. 의사처럼 말이죠. 치료받는 사람도 '환자'로 불렀어요. '환자' 대신 '내담자'라는 표현을 처음 쓴 것도 로저스입니다. '상담을 받는 사람'이라는 뜻이지요. 로저스는 의사 대신 내담자가 스스로 문제를 깨닫고 변화의 방향을 선택하는 동안 협력하는 합리적이고 능숙한 파트너가 되고자 했습니다. 비지시적이고 무조건적 긍정적 수용을 전하는 건강한 인격체로 치료자는 함께해야 한다고 보았죠.

로저스의 성격이론에서 가장 중요한 개념은 바로 '자기개념'이에요. 로저스도 어린 시절 경험이 성격형성에 강력한 영향을 미친다고 했답니다. 다만, 무의식적 욕구가 아닌 주위 사람과 관계를 어떻게 맺는가가 중요하다고 했죠. 어린 시절이 자신에게 미친 영향을 깊이 이해하고 성숙하려는 과정이 그의 이론에 고스란히 녹았지요.

그는 모든 사람은 '사랑과 수용, 인정받고자 하는 욕구'가 있다고 해요. 태어난 후 이런 욕구를 주변 가족과 관계에서 충족하면 긍정적 자기개념이 생기지요. 로저스는 무조건적 긍정적 애정을 강조합니다. 부모가 아기에게 조건적 애정을 준다면 아기는 '자기는 사랑받을 자격이 부족한 사람'으로 느끼게 돼요. 그래서 왜곡된 '자기개념'을 갖게 되기도 하죠.

로저스의 이론은 현대 뇌신경학의 발전과 거울뉴런의 발견으로 검증됩니다. 아기는 갓 태어났을 때 '자기'라는 개념이 없어요. 양육자와 환경의 반응을 반복해서 경험하며 자신에 대한 느낌이 생기지요. 배고파 울면 제때 젖을 주고, 기저귀를 갈고, 안아 달래며 사랑스럽게 자신을 바라보고 기뻐하는 양육자를 보며 '세상은 좋다'는 믿음이 생겨요. 그 다음 그 세상이 좋아하는 '나는 좋은 존재'라는 자기개념이 생기지요. 이런 원리를 거울에 비춰 자신을 발견하는 것과 비슷하다고 해서 '면경자아'라고 합니다. 첫해에 세상과 자신에 대한 기본적 신뢰를 획득한다는 프로이트, 에릭슨의 이론과도 비슷하지요?

인간은 과거 경험 때문에 어떤 행동이 성장하는 방향인지 명확히 알지 못할 때도 많아요. 그러나 일단 건강한 성장의 방향이 어떤 과정인지 깨닫고 나면 성장을 선택하는 존재라고 했습니다.

삶을 이끌어 가는 '자기개념'

로저스는 내향적이고 소극적인 아이였어요. 기독교 전통을 강력히 따랐던 성실하고 경건한 가족 분위기 속에서 자랐지요. 부모님은 자녀를 사랑했지만, 애정 표현보다는 안정되고 규칙적인 환경 마련에 힘을 쏟았어요. 시골 농장에서 수많은 동식물을 돌보고 관찰하며 성장하는 환경은 자유로웠지요. 하지만 엄격하고 보수적인 가정교육은 그의 자기개념을 형성했어요. 심리학자의 길을 걸으며 성장환경이 미친 영향력을 그는 실감했습니다.

그의 이론 정립의 길은 가장 먼저 자신의 '자기개념'을 변화시키는 일이었어요. 처음엔 아버지와 같은 길을 가려 농업대학에 입학했고, 기독교 동아리 활동도 적극적이었죠. 2학년 때 학생 대표로 뽑혀 국제세계학생기독교연합회의 국제학회에 참석한 경험은 그의 신앙관을 바꿨어요. 이후 가장 진보적인 신학대학에 진학해 사역을 준비하다, 이윽고 심리학에 발을 들이게 됩니다.

로저스가 말하는 '자기개념'은 '내가 보는 나'뿐 아니라 '남이 보는 나', '현재의 나'와 '될 수 있는 나'를 다 포함한답니다. '자기개념'은 한 번 형성되면 쉽게 변하지 않고 개인이 경험하는 모든 일에 영향을 미칩니다. 사람은 매 순간의 경험을 '나라는 감각의 총합'인 자기개념에 비춰 판단해요. 예를 들어, '나는 소극적이고 남들 앞에서 말을 잘 못한다.'는 자기개념을 가진 사람은 발표를 해야 하면 얼굴이 달아오르고 입이 얼어 버리겠죠. 로저스는 자기개념의 힘은 강력해서 거기서 벗어나는 경험은 의식에서 부인된다고 했어요. 예를 들어, 앞서 발표 불안을 보인 사람이 친한 동창들과 저녁을 먹을 땐 얼마나 유쾌하게 떠드는지 스스로 인식하지 못하는 거죠. 이 괴리가 벌어질수록 개인은 괴로움을 겪게 됩니다.

로저스는 성숙한 치료자의 표상이자 역사상 가장 감동적인 심리치료자 중 한 사람입니다. 그의 인생 후반기에는 내담자가 그와 마주 앉아 그의 눈을 바라보고만 있어도 눈물을 흘렸다고 해요. 그의 '공감'이 온몸으로 전해졌기 때문이지요. 몸소 자신의 이론을 실천하는 삶을 산 그는 '자기개념'을 변화시켰어요. 나아가 자신이 되고자 하는 '이상적 자기'를 추구하며 자기실현의 삶을 살았지요.

앞서 조건적 사랑이 주어지는 환경 때문에 경험이 왜곡되어 부정적 자기개념이 생긴다고 했지요. 그럼 자기개념을 바꾸려면 어떻게 해야 할까요? 그 회복 과정에도 로저스는 '무조건적 긍정적 존중'이 필요하다고 했습니다. '자기 감정, 태도, 행동이 이상적 수준에 미치지 못하더라도 자신이 가치 있는 존재라는 느낌'이 바로 무조건적 긍정적 존중입니다. 이것을 경험할 때 인간은 가장 효율적이고 자연스럽게 기능한다고 해요.

로저스는 대학에서 좋은 스승을 만나면서 이런 경험을 합니다. 학부 시절 처음 심리학을 알려 준 제임스 에인절(James Rowland Angell), 선구적인 여성 심리학자 홀링워스(Hollingworth) 같은 스승은 뛰어난 교사이자, 삶의 모델이 되었죠. 자신을 무조건적으로 존중하고 진심으로 경청하고 공감하는 좋은 어른 대상을 만난 것이지요. 그렇게 로저스의 자기개념은 변하기 시작했어요.

그럼 이미 아기가 아닌 내담자에게 어떻게 그걸 줄 수 있을까요? 거기서 나온 것이 바로 '공감'입니다. 가장 중요한 심리치료 기법인 '공감'은 로저스가 처음 만든 말이에요. 지금 여기 존재하는 존재 대

존재로서 내담자와 만난 로저스는 내담자의 자기실현능력을 믿고, 있는 그대로 경청하고, 현재 그의 경험을 공감했습니다. 그의 공감 치료가 얼마나 강력했는지 심리학계에 일어난 지각변동과 로저스의 사회적 영향력을 보면 이해할 수 있죠. 지금도 유튜브에는 로저스의 심리치료 동영상이 남아 있어요. 관심이 있다면 찾아봐도 좋아요.

매슬로우: "인간은 아름다운 자기실현의 계단을 오르는 존재입니다"

로저스와 함께 인본주의 심리학회를 만든 대표주자가 바로 매슬로우입니다. 그는 많은 가치관을 로저스와 공유했어요. 인간을 스스로 성장하려는 자기실현적 존재로 보았고, 성장 과정을 자세히 연구하였답니다. 그는 인간이 생존하려는 기초적인 욕구부터 성숙의 목표점인 자기실현의 욕구까지 단계적 성장을 제시했어요.

매슬로우의 욕구단계

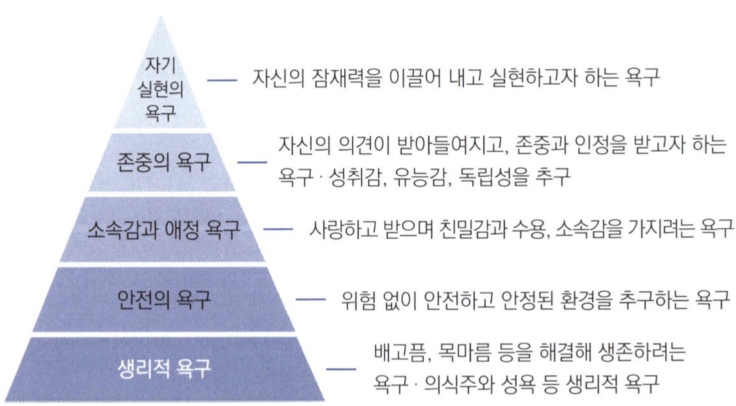

매슬로우는 기초적인 하위 욕구가 어느정도 충족되지 않으면 그 상위 욕구는 추구하기 어렵다고 보았어요. "금강산도 식후경"이라는 우리나라 속담에도 이런 특징이 잘 나타나 있지요. 일단 배고픔이 해결되고 안정되어야 금강산의 아름다운 풍경도 눈에 들어온다는 뜻이지요. 전쟁, 기근 등 기본적 생존을 위협받는 사람에게는 결핍된 욕구를 채우려는 본능이 무엇보다 앞서게 됩니다. 물론, 하위 욕구가 완전히 충족되지 않으면 상위 욕구를 추구하지 못한다는 뜻은 아니에요. 적어도 개인이 어느 정도 안정감을 느낄 정도로 부분적 충족은 되어야 상위 욕구를 추구한다는 의미지요.

생리적 욕구는 모든 인간의 공통된 생존을 추구하는 본능이에요. 먹고 마시고 자면서 회복할 생존 환경을 확보하고 생식과 양육을 통해 종족을 보전하려는 욕구지요.

안전의 욕구는 생리적 욕구 충족이 위협받지 않도록 지속적이고 안정된 환경을 확보하려는 욕구입니다. 나아가 세상은 안전하고 예측 가능하다는 신뢰감, 안전감을 추구하죠.

세상에 대한 기본적 신뢰가 어느 정도 이뤄지면 **소속감과 애정의 욕구**가 나타납니다. 가족, 친구, 동료 등 자신이 속한 공동체에서 소속감을 느끼고 친밀한 관계를 나누고자 하죠. 깊은 마음의 교류, 애정을 주고받는 관계가 이 단계에서 나타납니다.

안정된 소속감을 얻고 나면 소속된 사회에서 두각을 나타내고 능력을 발휘하고 싶어집니다. 존중과 인정, 성취감과 효능감을 얻고자 하는 **존중의 욕구**가 나타나죠. 스스로 능력을 쌓아 독립적이고 유능한 존재가 되려는 노력과 추구가 이 단계에서 드러납니다.

자기실현의 욕구는 인간의 본성이지만 성숙한 단계에서 드러납니다. 모든 욕구가 어느 정도 충족되고 성숙의 과정을 잘 밟아 온 사람에게는 시각의 확장이 일어납니다. 자기중심에서 벗어나 있는 그대로 세상을 보고, 타인이나 공동체에 필요한 것들에 관심을 가집니다. 그리고 자신의 고유한 능력으로 기여하려고 노력하죠. 이럴 때 인간은 비로소 세상에 태어난 존재 의미를 발견하고, 자신의 잠재력을 발휘하며 감사와 만족을 경험합니다.

에릭슨과 달리 자기실현은 나이가 들어서야 도달하는 것이 아닙니다. 매슬로우는 많은 사람이 일시적으로 **자기실현의 순간**을 경험한다고 했습니다. 목표가 성취된 순간의 행복감, 애쓰지 않고, 자기중심적이지 않고, 지금-여기 머무는 충만감이라고 했죠. 매슬로우는 대학생을 대상으로 연구한 결과 다양한 상황과 강도로 이런 절정 경험을 하고 있음을 발견했습니다.

매슬로우의 발달단계는 마치 피라미드처럼 아래층이 있어야 위층으로 올라갈 수 있습니다. 그래서 갑작스러운 환경 변화로 하위 욕구가 결핍되면 다시 퇴보가 일어나기도 합니다. 그러나 다음 단계로 향하려는 성장 욕구도 늘 일어납니다.

자기실현한 사람들의 특성은 공동체 구성원의 반응에 민감하지만 혼자 있어도 외로워하지 않고, 자신의 일에 성취감과 삶에 즐거움을 느낍니다. 정직하고, 현실을 합리적으로 바라보며, 변화를 두려워하지 않고 개방적입니다. 물론 이들도 단점이 있습니다. 자신의 단점도 수용하고 고려해 판단하는 적절성이 차이인 거죠.

인간 성숙의 목표점을 제시한 매슬로우의 이론은 의의가 큽니다. 보편적으로 공감된다는 면에서 그의 인간에 대한 넓고도 깊은 이해가 돋보입니다. 그러나 '나는 어떤 사람인가?'라는 물음에 대답하기엔 한계가 있어요. 개개인의 특성을 적용하는 데 한계가 있다는 비판이죠.

성격 5요인 모델: "나는 어떤 성격인가?에 답해 드립니다"

앞선 성격이론들은 인간의 성격이 어떻게 형성되고 어떤 요인들이 영향을 주는지 알도록 토대가 되었어요. 나아가 건강하고 성숙한 성격발달의 방향까지 제시했죠. 그러나 여전히 해결되지 않는 문제가 있었습니다. 성격심리학은 각 사람의 개별적 성격을 이해하기 위해 발전한 학문입니다. 한 사람의 독특성을 어떻게 과학적으로 설명하고 행동을 예측하는가는 성격심리학의 중요 과제죠. 즉, "나는 어떤 성격이고, 그걸 어떻게 아는가?"에 대답해야 합니다.

인간 성격의 발달 과정 만큼이나, 성격을 객관적으로 표현하고 측정하는 과학적 방법에도 심리학자는 심혈을 기울였습니다. 그 결과 발달한 분야가 바로 '심리검사 분야'입니다. 성격심리학과 심리검사는 떼려야 떼지 못할 관계랍니다. 대부분 심리검사는 성격검사를 토대로 합니다. 한 사람의 특성을 알아보는 큰 틀 안에서 강점이나 약점, 고통이나 발달이 덜 된 부분 등을 측정하죠.

성격 5요인 모델은 심리학자의 이런 노력이 쌓여 탄생했답니다. 개인의 성격 특성을 객관적으로 표현, 분류할 뿐 아니라 심리검사로 정확히 측정하죠. 지금도 연구에 활용되는 과학적이고 효과적인 성격모델이 등장한 겁니다. 개방성(Openness), 성실성(Conscientiousness), 외향성(Extraversion), 우호성(Agreeableness), 신경성(Neuroticism)의 다섯 가지 요인을 종합해 한 사람의 성격을 측정한답니다. 각 앞 철자를 따서 'OCEAN'검사라고 하기도 합니다.

개방성	새로운 경험에 적극적이고, 새로운 가치에도 흥미를 갖고 고정관념에 얽매이지 않는 성향. 상상력, 예술적 감수성, 감정 존중, 모험심, 지적 호기심, 진보성이 포함됨.
성실성	목표를 위해 자발적으로 꾸준히 노력하는 성향. 계획적이고 절제할 줄 앎. 자신감, 계획성, 책임감, 성취욕, 자제력, 신중함이 포함됨.
외향성	새로운 자극 추구와 타인과의 교류에 적극적이며 활력 있는 성향. 반대는 내향성. 친밀감, 사교성, 리더십, 활동성, 흥미 추구, 명랑함이 포함됨.
우호성	다른 이에게 온정적이고 협조적으로 대하는 성향. 이타심, 신뢰, 배려, 애정, 겸손이 포함됨.
신경성	환경 변화에 민감하게 반응하며 불쾌한 감정을 쉽게 느낌. 스트레스를 쉽게 받지만 위기대처능력이 발달한 성향. 걱정, 분노, 우울, 자의식, 충동성, 심약함이 포함됨.

폴 코스타(Paul Costa Jr.)와 로버트 맥크리(Robert McCrae)는 앞선 올포트, 카텔, 아이젠크 같은 심리학자의 경험적 연구들을 발전시켜 5요인 모델을 개발했답니다. 이 모델의 강점은 문화와 지역의 영향을 적게 받아 다양한 나라에서 활용된다는 점이에요. 그래서 세계적으로 수많은 연구 데이터가 쌓였지요.

그 결과를 종합해 보면 성격 5요인 이론은 상당히 정확한 성격모델입니다. 한 개인의 행복도, 신체적·정신적 건강, 정체성, 가족과 연인, 친구 사이의 관계 질, 업무 만족도, 사회 참여, 범죄 행동, 정치적 입장 같은 요소를 잘 예측하거든요. 우리나라도 '카카오같이가치' 사이트에 들어가면 무료로 검사해 볼 수 있답니다.

아는 만큼 보인다: 심리검사의 흥미로운 세계

사람은 자신의 특징과 능력을 객관적으로 확인하고 다른 사람과 비교하고자 하는 욕구가 있어요. 보이지 않는 마음도 말이죠. 문화에 따라 차이는 있지만, 이 욕구는 사람이 세상을 이해하고 자신을 인식하는 본능적 방식에서 오는 자연스러운 욕구입니다. 말이 어렵지요? 최대한 쉽게 말하면 우리는 '너'가 있고, '너'와 지금 관계하고 서로 영향을 주는 '나'가 있다는 깨달음으로 처음 자신을 발견합니다. 즉, '너'에 대한 인식이 '나'를 인식하는 것보다 먼저라는 말이에요. 이런 방식의 존재 확인은 사회 전체로 확장되며 살아 있는 동안 계속 반복됩니다. '사회적 존재인 인간'이란 말은 그만큼 강력하죠.

심리학과 심리검사 모두 이런 욕구를 기초로 발달했습니다. 그렇다면 가장 먼저 개발된 심리검사는 무엇일까요? 바로 지능검사랍니다. 1904년 개발된 비네-시몽 지능검사가 첫 시작이죠. 프랑스에서 아동의 잠재력을 측정하고 학습 능력이 떨어져 특별한 도움이 필요한 아동을 구분하기 위해 만들었답니다. 이후 이 검사를 바탕으로 많은 지능검사가 발전했어요.

현재는 어떨까요? 오늘날 가장 널리쓰이고 신뢰도 높은 지능검사는 웩슬러 지능검사(Wechsler scale of intelligence)입니다. 법정에서도 인정하는 몇 안 되는 심리검사이지요. 이 검사는 여러분에게 익숙한 문제 풀이식이 아닌 다양한 동작검사(블록쌓기, 순서 맞추기 등)도 포함되어 있답니다. 그래서 지능지수뿐 아니라 발달 문제나 여러 심리적 정보도 같이 얻을 수 있습니다.

심리학자가 애쓴 결과 현대엔 헤아리기 어려울 정도로 많은 심리검사가 개발되어 있습니다. 여러분이 잘 아는 MBTI로 대표되는 성격유형 검사(기질검사, DISC검사, 에니어그램검사 등), 성격의 특징뿐 아니라 발달 수준과 현재 심리적 고통의 정도를 함께 보는 성격진단검사(MMPI-2, PAI, TCI 등), 치매나 사이코패스, 우울증 등 특정한 영역의 뇌기능과 성격 특징을 확인하는 검사(BDI, BGT, PCL-R 등) 등 심리검사로 알 수 있는 영역은 너무나 많습니다. 질문에 답하는 방식부터 그림 그리기, 사진의 순서를 배치하거나 카드를 보고 연상되는 내용을 말하는 등 검사의 방법도 무궁무진합니다.

믿을만 해야 심리검사다: 신뢰도와 타당도

우리가 정말 원하는 걸 얻으려면 심리검사가 정확하고 믿을 만한 결과를 내놓아야겠지요. 그래서 심리학자는 심리검사를 개발하고 연구할 때 두 가지를 가장 중요하게 봅니다. 바로 신뢰도와 타당도입니다. 아, 벌써 지루함이 몰려오나요? 걱정말아요, 확실히 이해되도록 설명해 줄게요.

여러분은 키를 재거나 허리 치수를 잴 때 고무로 만든 줄자를 사용해 본 적 있나요? 만일 그런 줄자가 있다면 재밌을지는 몰라도 그 치수는 아무도 믿지 않겠죠. 이유는 모두 알지요. 고무줄은 잘 늘어나기 때문입니다. 잴 때마다 치수가 달라질 수밖에 없지요. 그래서 줄자는 늘어나지 않는 소재로만 만듭니다. 몇 번을 재도 정확한 치수를 알려 줘야 하기 때문이죠. 이 줄자가 가진 정확성에 대한 믿음이 바로 **신뢰도**입니다.

누가 재도, 몇 번을 재도 같은 사람을 잰 거라면 비슷한 결과가 나와야 믿을 만하겠죠. 그래서 심리학자는 심리검사를 개발할 때 신뢰도를 매우 주의 깊게 확인합니다. 예를 들어 같은 검사를 같은 사람에게 여러 번 해 봅니다. '검사-재검사 법'이라고 부르는 신뢰도 확인 방법이죠. 한 사람이 건강검진을 받으러 병원 두 곳에 가서 피검사를 받는다면 A병원과 B병원이 같은 결과가 나와야 하듯이 말이에요. 또 검사지를 반 잘라 앞부분은 오늘, 뒷부분은 내일 실시해 결과를 비교하기도 합니다. 신뢰도 높은 검사라면 반만 채점한 결과도 전체 결과와 비슷하게 나와야 하죠. 한 학생의 수학 실력은 10문제를 풀든, 20문제를 풀든 비슷한 점수를 받듯 말이에요. 이건 '반분 신뢰도법'이라고 불러요. 보통 심리검사를 만들 땐 검사 신뢰도가 최소 70%이상 되어야 쓸 수 있습니다. 10번 재면 7번은 같은 결과가 나와야 한다는 뜻이죠. 객관적 검사는 항상 신뢰도 90% 이상을 목표로 만듭니다. 어때요, 심리검사 믿어 볼 만하지요?

신뢰도가 '검사 결과가 정확한가?'에 대한 답이라면 **타당도**는 '원하는 영역을 측정하는가?'라는 질문의 답입니다. '지능' 한 가지를 예로 들어 볼까요? 앞서 지능검사가 가장 먼저 개발된 심리검사라고 했지요? 연구자들은 '지능'을 정확하게 재는 객관적인 검사를 만들고자 고심했어요. 처음엔 학교에서 반드시 배우는 과목 위주의 문제를 만들어 보기도 하고, 문제 난이도를 다양하게 섞어 보기도 했지요. 그러나 '학습 능력'은 지능의 중요 부분이지만 지능 자체를 말해 주지는 않아요. '기억력', '어휘력', '산수 능력' 등을 측정하는 검사로 시작한 지능검사는 끝없이 발전해 왔지요. '지능'의 정의가 계속 발전했기 때문이에요.

현재 웩슬러 지능검사는 언어 능력과 수행 능력을 평가하는 12개의 하위 영역이 있어요. 나아가 하워드 가드너(Howard Gardner)의 '다중지능이론'이 나오고 나서는 지능에 대한 이해가 새로워졌지요. 언어지능, 논리수학지능, 공간지능, 음악지능, 신체운동지능, 대인관계지능, 개인내적지능, 자연지능, 실존지능을 소개한 가드너는 이 지능들이 독립적이면서도 서로 긴밀히 협력해 능력을 발휘한다고 했답니다. 어때요, 여러분이 생각한 지능과 많이 다르지 않나요?

'지능검사는 지능을 정확히 측정해야 한다.'는 한 문장도 만족하기 쉽지 않음이 실감되나요? 그러니 성격과 심리 상태를 정확히 측정하는 검사를 만들기란 보통 어려운 일이 아니지요. 심리검사를 개발하는 사람들은 지금도 이런 복잡하고 과학적인 연구를 하며 검사를 만들고 있답니다. 그러니 앞으로 검증되지 않은 혈액형, 타로, 사주, 별자리 등 인터넷에서 쉽게 접하는 심리 테스트는 재미로 보세요. 단, '심리검사'라고는 부르지 않기로 해요.

나의 위치는 한국에서 어느 정도? 자연과 인간을 나타내는 신기한 정규분포

심리검사를 받으면 복잡한 숫자나 그래프로 결과가 나오곤 합니다. 물론 종이에 그림을 그리거나, 카드를 보고 떠오르는 내용을 말하는 투사검사도 있어요. 하지만 결과는 낯선 단어가 가득한 보고서로 나오곤 하죠. 그래서 전문가가 내용을 해석해 주지 않으면 정확히 이해하기 어려워요. 게다가 보통은 객관적 검사와 주관적 검사를 같이 하곤 해요. 한 사람의 마음을 더 풍부하고 정확하게 이해하기 위해서죠.

검사 결과를 제대로 이해하려면 딱 한 장 이해해야 할 그래프가 있습니다.

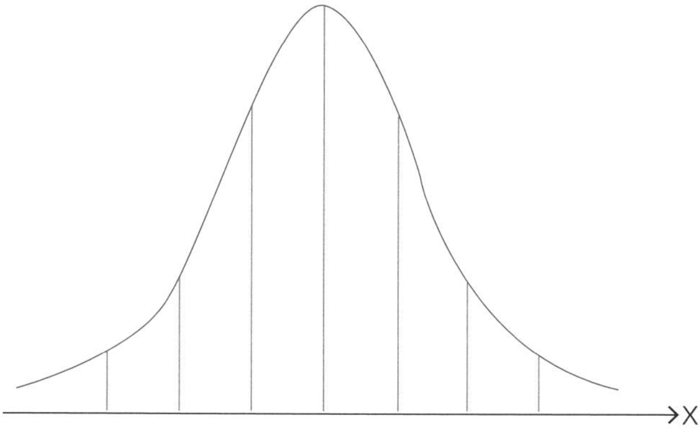

이렇게 생긴 그래프 본 적 있지요? 갑자기 그래프라니, 당황했나요? 그래도 이 그래프엔 재밌는 비밀이 숨어 있답니다. 이 그래프의 이름은 '정규분포표'입니다. 신기하게도 인간에 대한 대부분의 측정값은 그래프를 그리면 이런 모양이 되어요. 가운데 가장 높이 솟은 부분이 '평균'이에요. 평균을 중심으로 가장 많은 사람이 모여 있고, 양쪽으로 갈수록 점점 줄어드는 형태지요.

예를 들어, 한국 남자의 키를 볼까요? 평균은 174cm입니다. 그러니 중간 선은 174가 되지요. 양쪽으로 6cm씩 눈금을 만들어 보아요. 그럼 왼쪽은 168cm, 오른쪽은 180cm가 됩니다. 이 168 ~ 180 사이에 약 70%의 한국 남성이 다 포함된답니다. 양쪽으로 한 칸씩만 더 가 볼까요? 그럼 162cm ~ 186cm가 되죠. 한국 남성의 95.4%가 이 구간에 다 포함이 됩니다. 여성도 마찬가지에요. 155cm ~ 170cm 사이에 약 70%가, 145cm ~ 175cm 사이에 95.4%가 몰려 있지요.

내 키를 떠올려 보면 내가 한국 평균치에서 어디쯤 위치한 건지 알겠지요? 물론 여러분은 쑥쑥 자라는 중이니 성인이 되면 또 달라질 거예요.

심리검사도 통계를 내면 신기하게도 이 정규분포 모양을 이룬답니다. 눈에 보이지 않는 마음인데도 대부분 사람이 비슷한 반응을 한다니 재밌지요? 예를 들어, 웩슬러 지능검사의 통계를 내보면 IQ 100점을 평균으로 85 ~ 115점 사이에 약 70%의 사람이 몰려 있습니다. 이런 특징 때문에 심리검사도 평균 점수가 있고, 거기서 멀어질수록 특별한 심리 상태를 겪고 있음을 알게 됩니다. 심리검사 그래프는 이 정규분포표를 기초로 만들어진답니다.

수많은 사람이 대부분 비슷한 마음 상태를 가진다니, 믿기 어렵나요? 왠지 표에 결과를 끼워 맞춘 듯한 의구심이 들기도 하죠. 그런데 인간만이 아니랍니다. 판다나 돌고래, 침팬지의 기질연구나 지능연구에서도 비슷한 정규분포 형태가 나타납니다. 심지어 식물의 성장에 대해서도 그렇습니다. 우리가 사는 지구에서 한 집단이 정규분포 특성을 가지는 까닭은 살아남기에 가장 유리하기 때문일지도 모릅니다.

사회심리학은 인간이 함께 살아가는 존재라고 말한다

한 사람이 어떻게 개성적인 성격을 갖게 되는지 지금까지 알아보았어요. 각자 다른 마음 상태를 알기 위해 다양한 심리검사를 사용한다는 것도요. 그런데 심리검사를 활용하고 인간의 마음에 대한 이해의 깊이를 쌓아 갈수록 놀라운 사실도 알게 되었죠. 우리들은 분명히 다르지만, 생각보다 비슷하다는 발견이죠. 이 발견을 표현한 표가 바로 정규분포표였지요.

이제는 사회심리학에 대해 알아볼 차례입니다. 성격심리학이 한쪽 기둥이라면, 사회심리학은 심리학을 떠받치는 다른 쪽 기둥입니다. 사회심리학은 우리가 태어나는 순간부터 관계 안에서 살아가며 관계의 영향을 강력히 받는다고 알려 줍니다. 내 곁에 있는 사람들, 우리가 속한 사회는 상상하는 것보다 훨씬 많이, 그리고 깊이 우리 삶 속에 들어와 있답니다. 지금부터 알게 될 내용은 좀 놀라울지도 모릅니다.

네 행동은 네 탓, 내 행동은 상황 탓

'내가 하면 로맨스 남이 하면 불륜'이란 말을 들어 본 적 있나요? 흔히 남과 자신에게 다른 잣대를 적용하는 현상을 빗대는 말이지요. 예를 들어 연인이 있으면서 다른 이성과 썸을 타다가, 지금 연인이 질리면 지하철 환승하듯 갈아타는 '환승연애'가 있어요. 이런 소식이 들리면 다들 눈살을 찌푸립니다. '연애의 기본'이 되어있지 않은 행동이니까요.

'기본'이 뭐냐고요? 여러분 시기에 기본기를 배우는 건 중요하죠. 연인과 사귀는 동안은 서로에게 진실하고 성실한 태도가 기본입니다. 갈등이 생겨도 관계를 지키려고 최선을 다해 보아야 합니다. 결국 이별하게 되더라도 지금까지 함께해 준 연인을 향한 존중을 보여야죠. 이별할 땐 직접 만나 진지하고 솔직하게 이유를 전하고, 여지를 남기지 않고 깨끗하게 작별하는 것이 예의입니다. 이 세상에 완벽한 사람, 실수하지 않는 사람은 없어요. 다만 좀 더 나은 행동을 선택하고 기본을 지키려고 노력하는 사람은 많답니다.

기본을 지키지 않을 때 사람들은 불편함을 느낍니다. 그런데 세상엔 기본이 안 된 사람이 많습니다. 한술 더 떠서 연인이 있으면서 소개팅에 나가거나, 몰래 바람을 피는 사람도 있죠. 뒤늦게 사실을 안 연인은 마음이 어떨까요? 깊은 상처를 입고 다시 연애하기 두려울지도 모릅니다. 이런 소식을 들으면 사람은 본능적으로 자신이 그 처지가 될 때를 떠올립니다. 그래서 친구들 사이에 누가 환승했다거나, 바람핀다는 소문이 돌면 다들 마음속으로 생각합니다. '저 애랑은 절대 사귀면 안 되겠다.'

정작 당사자는 할 말이 많답니다. 이전 연인과 사랑이 식은지 오래고, 계속되는 갈등 때문에 너무 힘들었고, 어쩔 수 없이 관계를 유지하고 있었다고 해요. 남들이 모르는 이전 연인의 단점도 한 트럭은 됩니다. 그러다 어느 날, 정말 운명처럼 만나게 된 겁니다. 진정으로 자기를 이해해 주고 서로 너무나도 잘 통하는 이상형을 말이죠. 인생에 두 번 다시 없을 운명을 어떻게 놓칠까요? 누구라도 자신의 입장이 된다면 같은 선택을 할 거라 장담해요.

왜 이런 차이가 생길까요? 세상의 반대를 무릅쓰고 운명적 사랑을 선택한 용기 있는 주인공. 성실했던 연인을 속이고 몰래 새로운 설렘을 좇아 관계를 무너뜨린 이기적인 사람. 같은 사람이라고 생각하기 어려운 이 평가의 차이가 바로 사회심리학의 연구주제입니다. 이런 오류는 뇌 때문에 생긴답니다.

귀인: 항상 원인을 이해하려고 하는 뇌

어떤 현상을 볼 때 우리의 뇌는 항상 원인과 결과를 이해하려고 합니다. 이해하지 못하는 상태가 되면 혼란과 고통을 느끼기 때문에 항상 원인을 추론하죠. 심지어 상관이 없는 현상을 묶어서 원인이라고 생각하기도 합니다. 어젯밤 돼지꿈을 꾼 덕분에 오늘 로또에 당첨되었다는 식으로 말이죠. 우리 뇌는 3kg 남짓한 크기 안에 세상을 파악하고 있어야 안심합니다.

그러다 보니 여러 무리수가 생깁니다. 원인을 잘못 추론하는 거죠. 예를 들어, 앞에서 살펴본 '환승이별한 사람'이 있죠? 주변 사람은 환승이별한 이유가 기본을 못 지키는 '미숙한 성격' 때문이라고 생각합니다. 그래서 이 사람과는 절대 연애하지 않겠다는 거죠. 그러나 본인은 자신의 환승이별이 어쩌지 못할 '상황' 때문이라고 믿습니다. 나쁜 연인과 만나 힘들었던 상황, 하필 그때 운명적 상대를 만난 피하지 못할 상황 때문인 거죠. 이 정도로 생각이 다르다니 신기하죠?

더 신기한 일은 이런 현상이 모든 사람에게 일어난다는 거예요. 물론 모두가 환승이별을 한다는 얘기가 아니에요. 현실은 아마도 '성격'과 '상황'이 둘 다 영향을 미친 결과겠지요. 사회심리학은 우리 위치가 원인을 어떻게 이해하는가를 결정한다고 해요. 우리가 주변인 입장일 때 뇌는 쉽게 상대 탓을 합니다. 원인이 그 사람 내부에 있다는 거죠. 이걸 '내부귀인'이라고 불러요. 정작 당사자가 되면 상황적 어려움과 다른 사람의 영향력이 생생히 느껴집니다. 내 행동엔 외부 상황이 큰 원인인 거죠. 이걸 '외부귀인'이라고 합니다.

여러분은 혹시 시험을 망쳤을 때 원인이 뭐라고 생각했나요? 하필 그 시기 출시된 신작 게임, 알려 준 시험 범위 밖 문제도 낸 선생님, 전날 밤 시끄러웠던 윗층, 학원의 모의고사랑 겹치는 문제가 하나도 없었던 것 같은 수많은 이유가 떠오르지 않나요? 누구나 그렇습니다. 자기 사정은 자기가 잘 알기 때문이죠. 시험을 잘 봤을 때는 어땠나요? 친구들에겐 "운이 좋았어."라고 말하고 돌아서도, 혼자 '내가 좀 열심히 했지.'하며 뿌듯하지 않았나요?

어떤 일에 성공했을 때 우리 뇌는 내부귀인을 합니다. 이 현상은 자존감을 강화하는 뇌의 강력한 생존 전략입니다. 우리가 '할 수 있다.'라고 믿을수록 현실에 적극적으로 대처하기 때문이죠. 만일 시험을 망쳤을 때 '난 공부를 잘할 능력이 없구나.'라고 내부에서 원인을 찾는다면, 다음 시험은 더 자신이 없어지겠죠. 시험기간에 큰 스트레스를 받거나 공부를 포기하게 될지도 모릅니다. 그래서 우리 뇌는 재빨리 실패에는 외부기인을, 성공에는 내부귀인을 합니다. 심리적 타격을 줄이고 성공 확률을 높이기 위해서죠. 이런 본능을 '자기기여적 편향'이라고 부릅니다.

우리는 귀인오류를 벗어날 수 없을까?

사회심리학자는 놀랐습니다. 연구할수록 타인의 행동은 그 사람 탓이지만, 내가 겪은 일은 상황 탓이라고 생각하는 현상이 너무나 강력했거든요. 초기 사회심리학자는 이것을 바꾸지 못할 인간의 보편적 특성이라고 믿기까지 했어요. 그래서 '기본 귀인오류'라고 불렀죠.

중요한 점은 귀인, 즉 '원인을 무엇이라 생각하는가'가 우리의 판단, 행동, 감정에 큰 영향을 미친다는 거예요. 등교 시간이 아슬아슬한데 막히는 도로에서 버스에 타고 있다고 상상해 보세요. 갑자기 구급차가 사이렌을 울리며 도로 사이를 뚫고 지나갑니다. 길을 터주느라 버스는 한참 움직이지 못하죠. 꼼짝없이 지각입니다. 헐레벌떡 교실에 들어갔는데 이미 조례가 시작되어 담임 선생님이 와 있습니다. 그 순간 '나'와 '선생님'의 뇌는 지각의 원인을 추론합니다.

나는 말할 것도 없이 응급환자를 태운 구급차 때문이라고 생각해요. 하지만 선생님은 이미 제자리에 앉아 있는 다른 학생들을 둘러보며 '지각이라니, 이 불성실한 녀석'이라고 생각합니다. 방금 '행위자'와 '관찰자' 간의 귀인오류가 또 일어났습니다! 혼나는 나는 억울하고 선생님께 화가 납니다. 선생님의 말은 괜히 듣기 싫고, 관계도 나빠지겠죠. 수많은 관계에서 이런 오해가 반복됩니다. 심지어 국가 간에도 귀인오류는 일어나고 외교 문제나 전쟁의 원인이 되기도 합니다.

이런 오류를 줄일 방법은 없을까요? 사회심리학자도 같은 고민을 했습니다. 스톰스(Storms) 라는 사회심리학자는 '관찰자'와 '행위자'가 서로 상대 입장에서 본다면 오류를 벗어나지 않을까 생각했어요. 그래서 실험해 보았지요. 학생 1과 학생 2를 무작위로 선발해 5분간 대화를 나누게 했어요. 그리고 그 모습을 지켜보는 관찰자 역할도 한 명씩 뽑았죠. 학생 3은 학생 1의 모습을, 학생 4는 학생 2의 모습을 관찰하도록 했습니다. 그리고 대화하는 모습을 녹화도 했어요. 학생들 옆마다 카메라가 한 대씩 있는 상황, 상상이 되죠?

끝나고 인터뷰를 해 보았습니다. 대화를 했던 학생 1과 2는 자기들이 다소 긴장한 원인을 낯선 실험실과 카메라, 처음 보는 상대와 대화해야 하는 상황 때문이라고 했어요. 그러나 관찰자 역할을 한 학생 3과 4는 대화자가 내성적이고 낯을 가리는 성격이어서 긴장한 것 같다고 했어요. 여지없이 귀인오류가 일어났지요.

흥미로운 변화는 녹화 영상을 보여 주었을 때 일어났습니다. 관찰자 역할을 한 학생에게 대화자 시점에서 촬영된 영상을 보여 주었어요. 그걸 본 관찰자는 대화자가 어색하고 낯선 상황 때문에 대화하기 힘들었겠다고 얘기했어요. 반대로 관찰자 시점에서 촬영된 영상을 본 대화자는 자기가 좀 더 과감하게 용기 내서 대화하지 못한 것 같다고 했죠. 관찰자는 처음으로 대화자의 입장을 실감했고, 대화자는 자신의 모습을 객관적으로 인식한 거예요. 강력한 귀인오류가 역전되는 현상이 나타난 거지요!

이 실험을 통해 인간의 본능이라고까지 생각했던 기본 귀인오류가 사실은 그 사람의 위치 차이 때문에 생김이 드러났어요. 단지 바라보는 시점과 들어오는 정보의 차이 때문이었죠. 단순히 상대방 시점을 보여 주기만 해도 우리의 생각은 금세 달라졌습니다. 일상 속에서도 귀인오류의 예가 수없이 떠오르지 않나요? 가능하면 이 오류를 범하지 않고 상대 입장도 이해할 수는 없을까요?

사회심리학 연구 결과는 우리에게 '가능하다'고 말해 줍니다. 나아가 동양 문화권에서 자란 사람은 더 유리하다고 말이지요. 우리의 전통 속에는 자연과 인간이 연결되어 존재한다는 가치관이 있어요. 나아가 인간은 홀로 살지 않고 서로 영향을 주고받으며 더불어 살아가는 존재라고 말이지요. 그래서 유교의 '인(仁)', 단군신화의 '홍익인간' 등 서로를 사랑하고 품는 마음을 미덕으로 여겼지요.

연구해 보니 동양적 가치관을 가진 사람은 신문기사를 볼 때도 사건의 맥락을 더 많이 고려해 인물을 이해한다고 해요. 도시나 주택가의 사진을 보면서도 더 넓은 면적의 정보를 탐색하는 포괄적 사고를 하지요. AI까지 등장하며 인간이 파편화 되고 관계성이 약해지는 오늘날, 우리 전통의 힘은 어느 때보다 중요해지고 있습니다.

점화: 무의식이 가장 빠르다

여기 재미있는 실험이 있습니다. 한 번 참여해 볼까요? 여러분은 '문장 만들기 검사'라는 실험에 참여하기로 했어요. 총 5개의 단어 중 4개를 사용해 빠른 시간에 정확한 문장을 완성해야 합니다. 시간을 재며 30문장쯤 열심히 쓰고 나서 이제 끝났으니 돌아가면 된다는 안내를 받습니다. 여러분은 엘리베이터를 향해 걸어가 1층 버튼을 누르죠. 그런데 진짜 실험은 이 순간 이뤄지고 있어요! 연구진이 몰래 카메라를 설치해 여러분의 걸음 속도를 측정하고 있거든요.

왜 이런 일을 하냐고요? 머릿속에 무의식적으로 점화된 이미지의 영향을 얼마나 받는지 확인하기 위해서죠. 사실, 여러분이 열심히 쓴 문장 속에는 두 종류의 단어가 있었습니다. 한쪽 그룹은 '늙은', '회색 머리', '은퇴한', '실버타운' 등 노인의 이미지를 떠올리는 단어들이 있었죠. 다른 그룹은 '깨끗한', '목마른', '조밀한' 등 노인과 전혀 관련 없는 단어들이었습니다. 자, 이제 예상이 되나요? 노인의 이미지를 떠올리는 단어를 본 그룹이 그렇지 않은 그룹과 걷는 속도에 차이를 보이는지 알고자 하는 것이 이 실험의 목적입니다.

신기하게도, 노인과 관련된 단어를 본 학생들이 훨씬 천천히 걸었습니다. 같은 나이, 동일한 조건의 학생이었는데 말이죠. 사회심리학자는 참가자의 무의식에 노인에 대한 고정관념이 '점화'되었고, 자신도 모르게 떠오른 이미지가 행동에 영향을 미치기 때문이라고 설명해요. 나는 천천히 걸을 리 없다고요? 이 학생들도 그렇게 생각했어요. 재밌게도 다시 참가자를 불러 진짜 실험 목적을 설명했을 때, 아무도 자기 걸음 속도가 느려졌다고 느끼지 않았지요. 영향을 받았다는 사실조차 의식하지 못한 거예요. 이런 현상을 '점화'라고 합니다.

'점화'라고 하니 불을 붙이는 느낌이죠? 맞아요. 외부에서 들어온 자극이 뇌에 저장된 정보를 활성화시키는 현상이죠. 노인에 대한 정보가 저장된 시냅스에 불을 붙인다고 상상하면 될까요? 주로 '자극'과 연결된 우리의 '고정관념'이 활성화된답니다. 문제는 이 학생들처럼 점화된 고정관념이 행동과 판단에 바로 영향을 주는데도 알지 못한다는 거지요.

세상을 이해하는 정보의 묶음, 고정관념

뇌는 매 순간 들어오는 자극을 매우 빠르고 효율적으로 처리한다고 앞에서 배웠죠. 이 처리 대부분은 무의식 영역에서 일어납니다.

일일이 의식해서 숙고하고 판단하기엔 들어오는 정보량이 너무 많거든요. 그래서 뇌는 과거 경험이나 정보를 적극 활용합니다. 새로운 자극이 들어오면 저장된 정보 중 비슷한 것을 재빨리 찾아내 비교하고 기존 방식대로 처리하죠. 이렇게 '고정관념'이 탄생합니다. 고정관념은 부모님이나 친구들에게 배우기도 하고, 미디어를 통해 갖게 되기도 합니다. 어쨌든 뇌는 그 고정관념을 적극 활용합니다.

고정관념이 무섭다는 말은 한 번쯤 들어 봤지요? '인종차별'은 대표적 고정관념입니다. 미국에서 무고한 흑인이 경찰에게 강도로 오인받아 총을 맞는 사건은 잊힐만 하면 벌어지곤 합니다. 최근엔 동양계 연예인에 대한 인종차별도 논란이 되고 있죠. 우리나라도 예외가 아닙니다. 다문화 가정이나 외국인 노동자 차별이 갈수록 문제가 되죠.

평소 자신이 인종차별주의자라고 생각하는 사람은 거의 없습니다. 총을 쏜 경찰이나, 동양계 연예인을 무시한 배우들도 그랬을 겁니다. 문제는 상대와 맞닥뜨린 한 순간, 상대의 피부색과 인종을 무의식적으로 알아차린 그 순간입니다. 내 행동을 알아차리기도 전에 몸은 총을 겨누고, 시선은 악수를 청한 상대를 피하게 되죠. 이미 점화된 고정관념이 행동과 판단을 바꾼 거예요. '그 사람'이 어떤 성격인지, 무슨 일을 하고 어떤 취향을 가졌는지 알아보기도 전에 '흑인'과 '동양인'에 대한 고정관념이 작동한 거예요.

고정관념은 수없이 우리 일상에 작동합니다. 'ㅎ 야구팀 팬은 인내심이 많다.', 'MZ세대는 자기주장이 강하고 개인주의적이다.' 같은 말도 고정관념이죠. 그리고 그 고정관념은 어느새 우리 삶에 암묵적으로 강력한 영향을 줍니다. 요즘 '부자'가 장래 희망인 사람이 많은 것도 고정관념의 예입니다. '갓생', '금수저', '파이어족' 같은 말은 더 행복하고 자유로운 삶과 연결된 느낌이 듭니다. 정말 그럴까요? 위험한 투자에 뛰어들거나 쉽게 돈 벌 기회가 있다는 말로 유혹하는 사기 사건이 기승을 부리는 요즘, 한 번 고민해 볼 만합니다.

미네소타 대학에서 돈에 관한 점화 실험을 했어요. 앞선 실험처럼 '돈', '현금' 같은 단어가 들어간 문장완성과제를 시킨 후 참여자의 행동을 관찰했죠. 이 학생들은 곤란한 상황에 처할 때 다른 사람에게 도움 요청을 덜하고, 남이 도움을 필요로 할 때 도와주는 경향도 줄었어요. 혼자 놀고 일하기 원하고, 새로운 사람을 만나자 신체적 거리도 더 멀게 유지했죠. 왜 그럴까요? 연구진은 '돈은 타인의 도움 없이 살게 해 준다.'는 고정관념이 활성화되기 때문이라고 설명해요. 실제로 우리 사회에서 돈은 일부 그런 역할을 합니다. 돈은 생계를 해결하고 원하는 일을 해 볼 기회를 제공하죠.

가난한 사람보다 중산층이 더 행복도가 높음은 이미 오래 전 증명된 통계지요. 그런데 중산층과 부유층의 행복도는 별 차이가 없습니다. 이건 어떻게 된 일일까요? 사회심리학자는 '돈'에 대한 고정관념이 다른 사람과의 관계를 위축하고 차단하기 때문이라고 합니다. 그런데 '사회적 관계'는 행복도를 결정하는 핵심 요소입니다. 대규모로 진행된 행복에 대한 연구들을 보면 행복한 사람은 학력도, 사회적 지위도, 경제력도 재각각이었어요. 다만 공통점은 속 깊은 고민을 나눌 친밀한 관계가 있고, 사회 안에 잘 소속되고 연결되어 있었지요.

우리 생각에는 돈이 많으면 인간관계도 좋아질 듯한데, 결과는 반대라니 놀랍지요? 그런데 앞선 실험 참가자들의 모습을 떠올려 보면 좀 끄덕여집니다. '돈'이라는 개념을 무의식에 떠올린 것만으로

서로 돕는 경향성이 줄어들고 다른 사람과 거리를 두게 되었죠. 내 의지와 상관없이 말이에요. 사회가 돈을 중요하게 여기고 강조할수록 이런 경향은 강해지겠죠.

무엇을 '점화'하기 원하나요?

현재 고정관념의 점화를 막을 방법은 없는 듯해요. 우리 삶에 고정관념이 미치는 영향이 얼마나 클지 좀 오싹합니다. 사회심리학은 여러 실험을 통해 예를 많이 알려 줘요. '죄수의 딜레마' 실험을 들어본 적 있나요? 유명한 사회 실험이죠. 죄수 혐의를 받는 두 참가자는 취조 상황에서 같이 잡힌 친구를 믿고 끝까지 협력할지 배신할지 선택해야 합니다. 친구는 다른 방에서 조사받고 있죠. 서로 믿고 함께 협력하면 가장 큰 혜택을 얻습니다. 그러나 한쪽이라도 배신하거나, 둘 다 배신할 경우 무거운 형량을 받게 됩니다.

우리에게 중요한 건 지금부터입니다. 이 실험에 참여한 사람이 만일 '점화'된 상태라면 결과가 어떨까요? 실험에선 두 그룹을 나누어 한쪽은 '협동, 동맹, 이타적인, 조화로운' 같이 협력과 연관된 단어를 포함한 문장완성과제를 실시했습니다. 다른 그룹은 '경쟁적인, 경시대회, 패배한, 앞서가는' 등 경쟁과 연관된 문장완성과제를 실시했죠. 그리고 곧바로 죄수의 딜레마 실험에 참여하게 했어요. 결과는 어떨까요? 아쉽게도 우리의 예상은 적중합니다. 경쟁이 점화된 그룹은 '배신'을, 협력이 점화된 그룹은 '협력'을 선택하는 비율이 높았죠.

더 놀라운 점은 인터뷰에서 드러납니다. '경쟁'이 점화된 그룹은 무려 62%를 넘는 참여자가 다른 사람도 배신을 선택하리라고 예측

했어요. '협력'이 점화된 그룹은 반대였지요. 약 61%의 참가자가 다른 사람도 협력을 선택하리라 예상했어요. 만일 새 학기 새로 사귀는 친구가 언제든 여러분에게 상처 줄지도 모른다는 생각이 들면, 여러분은 어떨 것 같나요? 반에 적응하는 일이 훨씬 어렵게 느껴지고, 혼자라는 느낌이 들지도 모릅니다. 혹시 싸우기라도 하면 심각하게 반응하겠죠.

우리 사회는 경쟁과 협력 중 어느 쪽을 더 점화할까요? 어릴 때부터 성적, 대학, 외모나 직업, 재산으로 비교하고 줄 세우는 문화가 익숙한 사람의 관계 맺기는 어떨까요? 좋은 관계에는 신뢰와 협력이 꼭 필요합니다. 사회 분위기가 관계의 질을 좌우하고 나아가 인간관계를 망가뜨리기도 한다는 예측은 슬픈 일이죠. 그렇다면 고정관념이나 '점화'를 긍정적으로 활용할 수는 없을까요?

이런 고민을 먼저 해 본 사회심리학자가 많습니다. 그중 재밌는 실험을 얘기해 줄게요. 여러분은 한 실험 참가자로 지원했어요. 실험 장소가 4층에 있어서 엘리베이터를 탑니다. 같이 탄 사람이 커피를 들고 있고, 신발끈이 풀려 있어요. 여러분에게 커피를 잠시만 들어달라고 부탁하고는 끈을 고쳐맵니다. 4층에 도착해 여러분은 실험실로 향합니다. 거기서 A라는 사람의 특징이 여러 개 적힌 종이를 읽고 이 사람이 어떤 사람일지 평가하는 실험을 합니다.

자, 여러분은 이미 '점화'되었어요. 과연 어디서 어떻게 점화되었을까요? 정답은 바로 '커피잔'입니다. 신발끈을 고쳐 매던 그 사람이 연구자였죠. 그 사람은 한 그룹에는 '따뜻한 커피'를 다른 그룹에는 '아이스 커피'를 주었어요. 불과 몇십 초의 짧은 시간이지요. 이 실험의 목적은 그 '커피 온도'가 타인에 대한 평가에 영향을 미치는지 알아보는 것입니다.

결과는 놀라웠습니다. 따뜻한 커피를 들고 있던 사람들이 A에 대해 훨씬 따뜻한 사람이라고 평가했어요. '물리적인 온도'가 타인을 향한 '심리적 온도'에 영향을 미친 거지요. 그렇게 단순한 이유로 바뀔 리 없다고요? 이 실험은 여러 형태로 검증되었지만 결과는 일관되었습니다. 참가자들은 자기 평가가 온도에 영향받았음을 전혀 자각하지 못했지만 말이지요. 이런 '점화 실험'은 비누 향을 이용한 청소 실험, 음악을 활용한 이동 실험 등 다양한 형태로 연구되고 있지요.

동조: 함께 살아가려는 본능

처음 해외여행을 떠나 낯선 식당에 들어갔습니다. 이곳의 주문 방법은 물론, 메뉴도 모릅니다. 이럴 때 여러분은 어떻게 행동할까요? 저라면 우선 조용히 앉아 주변 테이블을 둘러볼 거예요. 어떤 음식을 시켰는지, 주문은 어떻게 하는지 말이죠. 대충 감이 잡히면 메뉴를 살펴보고 직원을 부르겠지요. 주문하다가 잘 모르는 부분은 번역기와 몸짓을 동원해 직원에게 물어보기도 하고요. 첫 식사를 무사히 마치면 가게를 나서며 뿌듯한 기분을 느낄 겁니다.

저는 방금 '동조'라는 본능을 활용해 첫 끼를 해결했어요. 식당에서 다른 사람의 행동을 관찰해 정보를 얻었지요. 그리고 최대한 그곳에 있는 손님들과 비슷하게 행동하려고 노력했어요. 그곳의 규칙과 문화에 적응하기 위해서 말이지요. 이렇게 사람이 자신의 생각이나 행동을 집단의 영향력에 맞춰 바꾸는 현상을 '동조'라고 합니다. 저처럼 새로운 정보를 얻고, 그곳의 규범을 따르려는 사회적 영향을 받아 생기지요.

동조에 대한 애쉬(Asch)의 실험은 유명합니다. 선분의 길이를 맞추는 이 실험의 문제는 초등학생도 맞출 만큼 답이 분명하죠. 그런데 나와 함께 참여한 다른 6명이 똑같이 오답을 말한다면, 우리는 어떻게 반응할까요? 두 판에 그려진 선분 중 길이가 같은 선분을 답하는 이 실험은 7명이 함께 앉아 진행해요. 6번째 자리에 앉은 참가자는 시각 판단 실험이라고 알고 참여했지요. 실은 이 6번째 참가자를 제외한 다른 사람은 모두 실험도우미입니다.

문제가 나오고 초반에는 순조롭게 모두 같은 답을 말합니다. 그러다 상황이 달라지죠. 갑자기 앞의 5명이 똑같이 틀린 답을 말해요. 누가 봐도 정답은 B인데 A라고 말이죠. 6번째 순서인 참여자는 당황합니다. 답이 너무나 쉬우니까요. 한참 앞의 선분을 뚫어져라 보고, 다른 참가자를 유심히 관찰하기도 합니다. 그러나 자신을 제외한 모두가 오답을 한 목소리로 말하는 상황은 반복됩니다. 자, 실험 결과는 어땠을까요?

총 열두 번 틀린 답을 말하는 상황이 반복되었어요. 참여자가 그 중에 한 번이라도 따라서 오답을 말한 경우는 75%나 되었지요. 6번 이상 다른 사람을 따라 틀린 답을 말한 사람도 50%나 되었어요. 집단에 반대해서 외톨이가 되는 공포가 얼마나 강력한지 보여 주는 예지요. 정답이 명확한데 동조한 사람들이 나약해 보이나요? 실은 이 사람들은 정상이랍니다.

고립감은 생존에 위협적인 신호입니다. 더구나 혼자 집단 전체와 적이 되어 공격받을지도 모르는 상황에 처하는 일은 본능적으로 피하고 싶죠. 반에서 집단 따돌림이 일어나는 상황을 상상해 보세요.

어떻게든 자신은 그 한 명이 되지 않으려고 수많은 학생이 괴롭지만 침묵하거나 외면하죠. '왕따'가 된 학생이 경험하는 고통은 상상을 초월합니다. 자존감이 훼손되고 수치심 때문에 존재에 깊은 상처를 입죠.

용기를 지켜 주는 다양성

이 실험에서 소수지만 끝까지 정답만 말한 사람이 있었습니다. 그 사람은 자기만 다른 답을 말하는 상황이 반복되자, 긴장해서 몸을 앞으로 내밀고 판을 계속 뚫어져라 보며 고민했어요. 불안이 높아져 손가락을 떨었고 팔짱을 끼고 몸을 움츠렸어요. 그렇지만 "난 내가 보는대로 말해야 한다."며 끝까지 정답을 밀고 나갔지요. 그의 모습은 연구진에게도 인상적이었어요. 애쉬의 연구 기록 영상에는 그가 참여한 실험이 담겨 있습니다. '동조 압박'을 느꼈지만 그는 끝까지 용기를 내었지요.

상식과 진실을 지켜 내는 일은 중요합니다. 비범한 용기를 가진 소수만 그 일을 해낼 수 있다면 참 슬프겠지요. 평범하지만 무엇이 진실인지 아는 우리도 해낼 수는 없을까요? 애쉬의 후속 연구에서 우리는 희망을 봅니다.

같은 실험에서 도우미 중 단 한 명만 다른 답을 말해 봤어요. 나머지 다수는 같은 답을 말하고요. 결과는 어땠을까요? 참여자가 집단에 동조하는 비율이 6%로 떨어졌어요. 다른 답이 오답이어도 상관없었습니다. 심지어 그 한 명이 시각 장애인이어도 마찬가지였죠. 자신만 외톨이로 남겨지지 않는다는 느낌만 있으면 됩니다. 조롱이나 비난받을 처지에 함께 놓일 단 한명의 동료만 있어도 집단에 이의를 제기하고 정답을 말할 용기는 강해집니다.

오늘날 한국도 이미 다문화 사회가 되어 있지요. 그리고 민주주의의 핵심은 다양한 의견이 공존하는 환경입니다. 각 집단에는 고유한 문화가 있고 서로 다른 문화는 부딪히거나 갈등이 생기기 마련입니다. MZ와 기성세대의 갈등 같은 것이 대표적 예지요. 내가 속한 집단이 가장 타당하고 상식적인 듯해도 우리가 다양성을 존중할 이유가 바로 여기에 있습니다.

'정답'을 떠나서 다양성은 우리가 올바른 목소리를 내는 토양이 됩니다. 건강하고 풍성한 사회로 자라가기 위해서는 다른 의견을 가진 사람이 반드시 필요합니다. '우리가 정답이다'라고 믿고 강력한 동조 압박을 행사하는 사회가 바로 파시즘 사회입니다. 파시즘이 유행할 때 히틀러의 나치 정권이 위세를 떨쳤고 세계 2차 대전이 일어났습니다. 우리가 역사에서 받아야 할 중요한 교훈입니다.

복종: 평범하고 성실한 사람의 그림자

"존 오브 인터레스트(The Zone of interest)"라는 영화를 아나요? 가장 악명 높은 유대인 수용소인 아우슈비츠를 불렀던 별칭이기도 합니다. 이 영화는 아우슈비츠 소장이었던 루돌프 회스와 가족을 담습니다. 회스는 매우 가정적이고 자녀들을 아끼는 사람입니다. 그는 성실히 일하고 유능하죠. 수용소와 담 하나를 사이에 둔 회스 저택에서 가족들은 평화롭고 단란하게 살아갑니다. 아름다운 영상과 어울리지 않는 현실적인 음향이 묵묵히 진실을 얘기하죠.

나치 전범 재판을 취재하며 연구한 한나 아렌트(Hannah Arendt)는 "악의 평범성"을 얘기합니다. 수백만 명의 유대인 학살을 진두지휘한 아돌프 아이히만은 회스의 상사였습니다. 그는 재판에서 '자신은 단지 거대한 조직의 톱니바퀴 하나에 불과하다'고 했습니다. 상부에서 내린 지시를 성실히 수행했을 뿐이라고 말이죠. 실제로 그는 정신질환도 없었고, 인간관계도 정상적이며 관료 사회에서 충성스럽고 성과도 잘 내는 성실한 사람이었습니다. 심지어 몰래 유대계 사촌을 보호하고, 유대계 여성을 정부로 두기도 했죠. 개인적으로는 유대인을 죽이지 않고 분리된 지역으로 이주해 살게 해야 한다는 생각도 갖고 있었습니다.

그러나 당시 학살된 유대인은 600만 명에 이릅니다. 아우슈비츠 수용소에서만 최소 100만 명의 포로가 죽었습니다. 자녀를 사랑하고 진지하게 일하던 남성 두 명의 성실함이 만든 결과입니다. 나치 전범이 흉악한 성격의 악인들이라 생각했던 국제 사회는 한나의 보고서에 경악하고 불안해 했습니다. 그녀는 악의 근원은 평범한 곳에 있고 대학살을 저지른 나치 전범들도 그저 평범한 사람이었다고 말했어요. 누구든 어떤 상황에 놓이는가에 따라 '악인'이 될 가능성이 있다는 뜻이지요. 이 말은 우리를 불편하게 합니다.

밀그램, 인간의 선을 믿은 사회심리학자

1961년 예일대학교에서 "기억에 대한 연구"의 참가자를 모집하는 신문 광고를 냈습니다. 참가자에겐 4달러의 보수를 주겠다고 했죠. 광고를 본 평범한 시민들이 실험에 참여했습니다. 실험실에 도착

하면 먼저 와 있던 다른 참가자를 소개받고, 각자 학생과 교사 역할을 맡습니다. 제비뽑기로 역할을 정했지만, 실은 학생 역할은 실험도우미인 배우입니다. 학생 역할의 배우에게 가짜 전극을 연결하고, 교사 역할을 하는 참가자는 문제를 내죠. 학생이 문제를 틀릴 때마다 교사는 조금씩 더 높은 전기충격 버튼을 눌러야 합니다. 교사 앞에는 15볼트에서 450볼트까지 30개의 버튼이 달린 기계가 있습니다. 이렇게 심리학 역사에 손꼽히는 유명한 실험이 시작됩니다.

시작 전에 이미 교사는 45볼트의 충격을 체험해 보았습니다. 실험 참가자는 언제든 마음이 내키지 않으면 멈추고 떠나도 된다는 안내도 받았습니다. 여러분이 이 실험의 참가자라면 몇 볼트까지 충격을 줄까요? 330볼트 버튼 밑에는 "위험: 극심한 충격"이라고 적혀 있고, 450볼트 밑에는 "XXX"라고 쓰여 있습니다. 대학생을 대상으로 한 설문조사에서 99%가 상대가 벽을 두드리기 시작하면 충격을 멈추겠다고 응답했어요. 정신과 의사에게 한 설문에서는 150볼트를 넘으면 대부분 충격 주기를 거부하리라 예측했죠. 450볼트까지 충격을 주는 사람은 1%미만일 거라고 말이죠. 여러분의 생각도 크게 다르지 않을 듯해요.

실험이 진행되면 얼마 안 가 학생은 문제를 틀리기 시작합니다. 연구원은 교사에게 버튼을 누르라고 하죠. 학생 역할의 배우는 충격을 실감나게 표현합니다. 150볼트에 이르자 "내가 심장이 안 좋다고 했었죠. 느낌이 안 좋아요. 그만둘래요."라고 소리칩니다. 그러나 실험은 계속 진행됩니다. 300볼트에 이르면 학생은 벽을 발로 차기 시작합니다. 450볼트에 이르면 기절한 듯 더 이상 아무 소리도 들리지 않습니다. 그러나 전체 참가자 중에 65%가 최고 충격인 450볼트까지 계속 버튼을 눌렀습니다. 충격적 결과였죠.

참가자들도 갈등하고 고뇌했습니다. 비명과 애원소리를 들으며 다시 버튼을 누르기 망설였고, 실험을 중단해 달라고 요청하기도 했습니다. 그때마다 연구원의 침착한 지시가 이어졌죠. “실험을 계속해 주세요.”, “당신이 계속하셔야 실험이 됩니다.”, “당신은 선택권이 없습니다. 반드시 계속해야 합니다.”, “내가 모든 책임을 질 테니 계속하세요.” 같은 점점 강한 지시가 이어졌습니다. 참가자는 이 지시에 복종해 실험을 이어간 거지요.

실험 결과는 밀그램에게도 충격이었어요. 유태인 혈통으로 태어나 2차 대전의 참상을 목도한 밀그램은 상황이 인간을 잔인하게 만드는 게 아닐까 고민했어요. 그리고 이 실험을 설계했지요. 실험을 진행하면서도 그는 인간의 선함을 믿었습니다. 대부분 150볼트 정도에서 거부하고, 450볼트까지 누르는 사람은 없으리라 생각했죠. 그러나 300볼트 이전에 실험을 멈춘 참가자는 한 명도 없었어요. 벽을 차기 시작하는 300볼트에서도 연구원의 지시에 복종한 65%의 참가자는 450볼트까지 충격을 가했습니다. 실험 참가자에게 문제가 있던 게 아닐까 생각들 거예요. 그러나 실험 참가자들은 정상적이고 평범한 시민들이었어요. 신문읽기와 정원 가꾸기를 좋아하는 온순한 사람, 가정적이고 성실하게 일하는 평판이 좋은 사람들이 450볼트까지 버튼을 눌렀습니다. 밀그램도 상상하지 못했던 일이 벌어진 거지요.

무엇이 인간을 복종하게 하는가

밀그램은 이 첫 실험 결과를 받고 고뇌에 빠졌어요. 설문에 참여한 학생과 의사들, 지금 이 책을 보는 우리도 '남을 해치고 싶지 않다'는 마음이 사람의 행동을 통제한다고 믿었죠. 그러나 이 실험 결과는 우리에게 강하게 "그렇지 않다!"라고 말해요. 환경이 인간에게 미치는 영향력은 상상보다 훨씬 강력했습니다. 밀그램은 무엇이 인간을 좀 더 상황에 저항하기 쉽도록 하는지 알아내고자 실험 조건을 다양하게 바꿔 보기 시작했죠.

참가자에게 가장 영향력을 미친 것은 연구자의 존재라고 생각한 밀그램은 참가자와 연구자의 거리를 다양하게 실험해 보았어요. 연구자가 같은 방에 있지 않고 전화로 지시를 내렸을 때 300볼트 이상 버튼을 누르는 참가자 비율은 21%로 떨어졌어요. 무려 3분의 1 수준으로 떨어진 거죠. 버튼을 누른 사람도 연구자 몰래 훨씬 낮은 충격을 주었어요. 연구자의 존재와 감시는 강력한 변인이었지요.

밀그램은 학생과 교사의 거리도 영향을 미치지 않을까 생각했어요. 학생과 교사를 같은 방에 두고 서로 모습을 보게 하자, 복종률은 40%로 떨어졌어요. 직접 학생의 팔을 잡고 있게 했을 때는 30%만 버튼을 눌렀죠. 반대로 옆방의 학생이 보이지도 소리가 들리지도 않을 때는 복종률이 100%로 치솟았어요. 상대의 반응을 직접 보는 상황은 인간의 저항력을 훨씬 강하게 했죠.

참가자에게 가장 강력한 영향을 미친 것은 연구자의 "내가 책임지겠다."는 말이었어요. 높은 전기충격을 줘야 하는 상황에서 권위자에게 행동의 책임을 돌리면 된다는 인식이 죄책감을 덜어 준 거지요.

밀그램은 만일 참가자가 '혼자' 압박을 받는 상황이 아니라면 어떻게 될까 생각했어요. 그래서 실험을 같이하는 사람의 수를 다양하게 바꿔 보았죠.

처음엔 교사 역할을 3명으로 늘려 보았어요. 참가자는 버튼을 누르는 역할을, 다른 두 명은 각각 문제를 내고, 정답을 채점하는 역할을 맞았죠. 추가된 두 명의 교사는 실험도우미였어요. 150볼트까지 학생에게 충격을 주고 나자, 교사 1이 "나는 여기서 포기하겠다."라고 말하고 이탈했어요. 210볼트까지 충격을 주고 나서 교사 2도 포기하겠다고 선언하죠. 연구자가 강하게 참가자에게 계속하라고 압박했지만, 끝까지 임무를 수행한 사람은 10%에 불과했어요.

실험을 감독하는 연구자의 수를 늘린 실험은 더 인상적이었어요. 두 연구자가 지시하며 실험을 시작합니다. 충격이 일정 수준 이상 높아지자 두 연구자가 다투기 시작했죠. 한 명은 실험 중단을, 다른 한 명은 진행을 주장했죠. 이런 상황에서는 단 한 명의 참가자도 실험을 계속하지 않았어요. 혼자 양심의 갈등에 직면하지 않아도 되는 상황이 되자 대부분 참가자는 권위나 사회적 압박이 아닌 양심의 소리를 따랐습니다.

밀그램의 실험은 사회에 큰 충격을 준 대표적 사회심리학 실험이 되었어요. 사람들은 선량한 일반인이 다른 사람에게 450볼트나 충격을 준 결과에 집중하죠. 자신도 그런 환경에 처하면 언제든 그렇게 행동을 할 수도 있다는 연구 결과가 거북하고 불안합니다. 그러나 밀그램은 처음부터 남을 해치게 될 거라 생각한 참가자는 아무도 없었다고 말해요. '예일대학교'라는 권위 있는 연구 기관에서 '학습의 효과'를 알아보기 위해 '15볼트'라는 무해한 충격을 주는 실험에 참가한 거지요. 과학의 발전에 기여하는 임무를 맡았다는 책임감마저 생기는 상황입니다. 참가자는 선량하기 때문에 더 열심히 실험에 참여했을 거예요.

150볼트까지 충격을 받으면 학생은 "심장이 안 좋다."며 실험 거부 의사를 밝힙니다. 어느 순간 자신이 책임감을 가지고 하는 일이 상대를 해침을 인식하고 참가자는 당혹스러워 합니다. 지금까지 노력이 잘못임을 인정하고 꼴이 우스워지더라도 거부하며 실험을 망쳐야 할지 갈등합니다. 그때 연구자는 "당신은 옳은 일을 하고 있다. 내가 다 책임지겠다. 계속해라."라고 요구합니다. 그만두려면 강력한 비난에 직면해야겠죠. 이게 참가자가 처한 상황이었습니다. 누구라도 고민이 되지 않을까요?

이 압박을 이기고 '싫다'고 말하지 못한 사람의 80%가 450볼트의 충격까지 주었습니다. 나치의 유대인 대학살도 그랬어요. 처음엔 함께 살고 있는 유대인에게 유대인임을 표시하는 다윗의 별을 옷에 달도록 하는 작은 명령부터 시작되었습니다. 대부분의 역사적 폭력과 학살이 이 같은 방식으로 일어납니다.

* 진로 톡톡! 성격심리학과 사회심리학이 필요한 분야와 직업

성격심리학과 사회심리학을 전공하면 다양한 분야에서 일할 기회가 열립니다. 인간에 대한 이해는 대부분 이 두 영역을 바탕으로 이뤄집니다. 심리학은 첨단 분야로 갈수록 서로 깊은 연관이 있기 때문에, 이미 이 두 분야와 관련 직종을 앞서 많이 살펴 보았어요. 끝으로 여기선 대표적인 직종 몇 개만 살펴보기로 해요.

교수 및 연구원 - 사회적 상호작용과 인간 행동 이해에 중점을 둔 학문을 연구하고 대학에서 가르치죠. 사람이 서로 어떻게 영향을 미치고, 사회적 맥락에서 사고, 감정, 행동이 어떻게 형성되고 변하는지 주로 연구합니다. 대학원생과 학부생을 지도하고, 최신 연구 결과를 발표하거나 학술 대회에 참여해 학문적으로 교류합니다. 논문 발표로 새로운 연구 성과를 사회와 공유하는 것도 빼놓지 못할 업무죠. 사회적으로 중요한 이슈가 생겼을 때 자문 역할도 합니다.

학교 상담사 - 이 직업은 우리나라에서 현재는 Wee클래스 및 일반교사가 대신하는 경우가 많습니다. 그러나 학교생활의 질과 환경 개선의 요구가 높아지는 요즘, 앞으로 학교는 큰 변화를 겪을 듯해요. 학생 수가 줄면 아이들의 교육에 사회는 더 공을 들이게 됩니다. 그러면 이 직업이 확대될 가능성도 충분합니다.

학교 상담사는 학교, 특히 초등학교에서 학교 적응과 학습에 관해 생기는 모든 문제 상황을 관리하고 상담하는 직업입니다. 아이들이 학교생활을 처음 시작할 때 공동체에 잘 적응하고 더 원활한 학습이 이뤄지도록 돕는 일이 중요하기 때문이죠. 학습 장애가 있는 아이들을 감별하고, 학습 심리 프로그램을 짜서 전체 활동을 지도하기도 합니다. 기본적으로 **성격심리학, 사회심리학** 이해가 필요해요. **학습심리학**을 배워야 하고 **학교심리학**이라는 세부 전공 분야도 있답니다. 외국 영화나 드라마에서 의무 면담이 있어 '면담실'에 가면 학생과 학부모가 만나는 선생님이 주로 학교 상담사입니다.

심리검사 도구 개발 연구원- 세상에는 정말 다양한 심리검사가 있죠. 앞서 살펴본 대로 그 검사는 성격심리학과 사회심리학을 기초로 해야 해요. 심리검사 도구는 끊임없이 연구되고 새롭게 계발됩니다. 주로 대학 산하 연구소나 심리검사 개발 및 교육을 주로 하는 연구소에서 일하는 직종입니다. 학습 능력 및 지능을 측정, 평가하는 검사는 심리검사의 기초지요. 이미 지능을 IQ 한 가지로 평가하는 이론은 잘 쓰지 않는답니다. 인간의 능력은 다양하므로 여러 영역에서 지능을 평가하고 적성을 찾습니다. 이런 검사는 심리적 어려움이나 성격 특징을 확인하는 검사와는 다르게 개발되어요. 나아가 진로를 알아보는 검사도 있습니다.

성격 특징과 심리적 어려움을 탐지하는 검사도 무수히 개발되었죠. 이런 검사는 성격심리학과 사회심리학의 연구 자료를 바탕으로 주로 연구소에서 개발됩니다. 그 일을 연구원들이 담당하고, 학계에 발표하고 지속적으로 검증하는 연구도 맡습니다.

인적자원 전문가 - 기업에선 인간의 성격과 능력의 다양성을 고려하는 일이 중요합니다. 바로 이 일을 하는 사람이 인적자원 전문가입니다. 조직 안에서 인간의 적응에 대한 사회심리학적 이해, 개인의 특성 및 역량에 대한 성격적 이해가 필수 소양이죠. 다만 인적자원 전문가는 직원 채용보다는 직원 교육 및 기업 능률 향상을 위한 분석과 시스템 설계, 교육 프로그램 개발 및 직원 상담에 더 비중을 둡니다.

기업이나 기관에서 일하기도 하고, 요즘은 컨설팅 업체에서 일하며 기업의 의뢰를 받기도 합니다. 기업 조사 및 분석 능력, 경영, 경제, 인사, 임금 및 노사관계, 법률 등의 지식이 필요합니다. 그래서 사회과학 전공이 유리합니다. 대면 조사나 교육, 상담이 필수적이고 설문지 개발 및 평가, 높은 수준의 통계분석이 필요해 인지심리학도 선호됩니다.

정책 분석가 - 정부, 기업, 비영리 단체 등 다양한 조직에서 정책의 효과를 평가하고, 정책 결정자가 정보에 기반하여 결정을 내리도록 지원하는 전문가입니다. 주로 정책의 설계, 실행, 평가 과정에서 중요한 역할을 합니다. 정책을 연구해 효율성을 평가하고, 영향을 파악하고자 통계 및 데이터를 분석합니다. 현재 정책의 문제점을 파악하고, 개선안을 제시하기도 해요.

이 모든 일은 이해하기 쉽게 보고서로 만듭니다. 그래서 연구 자료를 정리하는 능력도 중요해요. 모든 정보를 종합해 정책 입안자들에게 정책 설계 및 실행에 대한 자문을 제공합니다. 정책은 많은 사람에게 영향을 미칩니다. 반응도 돌아오죠. 그래서 기본적으로 인간 성격에 대한 이해와 사회심리학이 필수인 직종입니다.

범죄 심리학자 - 범죄 및 범죄자의 심리적, 행동적 특성을 연구하는 전문가입니다. 범죄 발생 원인과 심리적 동기를 분석하는 일이 기본이죠. 예방 및 처벌에 대한 심리적 접근 방안도 제시합니다. **심리학**과 **법학, 사회학, 범죄학** 등이 결합된 분야입니다. 범죄자뿐만 아니라 피해자와 사회에 미치는 영향을 이해하려는 소중한 직업이에요. 그래서 성격심리학 및 사회심리학 연구가 꼭 필요합니다.

주요 업무는 범죄자의 심리 분석, 프로파일링(범죄 특성과 범죄자의 심리적 특징을 바탕으로 추적 및 예측하는 작업), 심리 평가(법정에서 책임을 질 수 있는지, 정신병리학적 상태나 정신질환이 범죄와 관련이 있는지 여부), 범죄 예방 및 치료 프로그램 개발, 법적 자문 및 보고서 작성, 피해자의 심리적 트라우마나 후유증의 평가 및 치료입니다.

범죄 심리학자는 심리학적 지식과 범죄에 대한 깊은 이해에 바탕을 둬야 합니다. 범죄와 법적 시스템 사이의 연관을 분석하고, 더 효율적인 범죄 예방과 처벌 방법을 제시하는 중요한 직종입니다.

국제기구 직원 - 국제기구(UN, WHO, IMF, WTO 등)에서 일하는 직종이에요. 다양한 국가와 문화에서 협력하여 글로벌 문제를 해결하죠. 드라마 같은 곳에서 간혹 본 적 있죠? 인류 보편적 문제를 다루기에 사회심리학이 꼭 필요한 분야랍니다. 국제적 정책 개발, 실행, 기구의 목표를 달성하려는 다양한 활동을 합니다. 각종 국제적 이슈가 있는 곳엔 이 사람들이 있습니다. 외교, 경제, 환경, 보건 등 여러 분야에서 중요한 역할을 합니다. 세부적으론 정책 분석가, 국제 프로그램 매니저, 외교관 등 다양한 직업이 있습니다.

구체적으론 개발도상국에 대한 지원 프로그램, 환경 보호 프로젝트 등을 진행합니다. 문제 해결을 위해 각국 정부, 비정부기구(NGO)와 협력합니다. 다양한 이해관계자들과 소통하고 협력 관계를 구축하죠. 외교적인 협상과 다자간 회의로 국제적 합의를 이끌어 냅니다. 정책 제안, 연구 결과, 프로젝트 성과 등을 문서로 작성하고 언론과도 소통하죠. 이 직종은 국제법과 각국의 법적 요구 사항을 이해하고 이를 따릅니다. 전 세계적으로 발생하는 인도적 위기나 자연 재해에 대응할 때도 규칙을 지키죠. 이 일을 하려면 사회심리학 외에도 문화적 이해, 언어 능력 등이 중요한 자질로 요구됩니다. 국제 사회의 발전과 평화 유지에 기여하는 멋진 직종입니다.

미디어 연구원 - 요즘 빅데이터 분석은 현대 연구에서 필수입니다. 빅테이터 분석에 토대가 되는 학문이 사회심리학이죠. 미디어 연구원은 다양한 미디어 플랫폼과 콘텐츠를 연구하고 분석합니다. 미디어 트렌드, 소비자 행동, 콘텐츠 효과성, 기술 발전 등이 미치는 영향을 탐구해 전략적인 인사이트를 제공합니다. 주로 최신 기술, 플랫폼, 사용자 패턴 등 미디어 산업의 변화를 분석합니다. 그리고 소비

되는 콘텐츠를 조사하고, 효과를 평가하죠. 분석을 토대로 미디어 전략을 제안합니다. 효과적인 마케팅 및 커뮤니케이션 방법 개발을 위해서죠.

기본적으로 계량심리학적 지식이 필요하고, 최신 미디어에 대한 이해도 열려 있어야 합니다. 다양한 데이터 분석 도구를 다룰 줄도 알아야 하죠. 광고계 및 방송사, 소셜미디어 및 공공기관에서도 이 직종의 능력을 필요로 합니다. 그야말로 떠오르는 직업이지요.

성격심리학과 사회심리학을 토대로 한 직종은 간단히만 살펴봐도 무척 다양하고 영역이 넓지요? 이미 보았듯 심리학은 최첨단 분야이고, 연구들은 사회에 강력한 영향을 미칩니다. 그만큼 전문성을 갈수록 많이 요구해요. 사회심리학 분야의 직종에 관심이 있다면, 심리학 전공 외에 IT 및 미디어, 국제 경험 등 다양한 분야를 준비하세요. 빠르게 변화하는 사회에서 앞서가는 직업으로 여러분을 안내하리라 믿어요. 그만큼 심리학은 젊은 학문입니다.

한 사람의 심리적 특성을 깊이 설명하는 대표적 분야는 상담심리학입니다. 집단 안에서 인간을 어떻게 이해해야 하는가를 깊이 살피는 분야는 사회심리학이죠. 심리학 역사의 초기부터 이 두 분야는 양쪽 기둥이있어요. 그래서 상담심리학으로 시작한 직종 소개를 사회심리학으로 마무리하고자 해요. 간략하게나마 심리학의 이쪽 기둥에서 저쪽 기둥까지 전 분야를 여러분에게 소개하고 싶었거든요. 직업의 세계는 기술과 사회 변화에 따라 빠르게 변해 가요. 그러나 분명한 사실 하나는 여러분 세대에 심리학은 강력한 유망 분야라는 거에요. 부디 여러분의 미래에 이 직종 소개가 작은 힘이 되길!

닫는 글

인간을 잘 이해하고 더불어 사는 세상을 만들어요

사회심리학 연구를 살피다 보면 마음이 무겁고 슬퍼집니다. 사람이 어떤 환경에서 사느냐가 '누구인가?'를 결정하는 듯 느껴지기 때문이죠. 인간이 주체성을 가진 존재가 아닌가? 어떤 환경에 있을까를 가장 우선순위로 삼아야 하나? 고민이 듭니다. 그러나 이런 논리는 '좋은 환경을 선택할 기회가 있는 사람만 좋은 삶을 산다'는 계층주의적 사고가 되기 쉽습니다. 나아가 사회심리학이 우리에게 알려주고 싶은 얘기는 그것이 아닙니다.

사회심리학은 인간이 얼마나 환경에 열려 있는 존재인지 알려 줍니다. 우리는 늘 서로와 세상을 향해 열려 있고, 영향력을 기꺼이 받아들입니다. 환경에 맞추어 적응하고 함께 있는 사람들과 조화를 이루려는 본능은 강력합니다. 앞서 우리가 무의식에 대해 살펴보았지요? 무의식 차원에서 이미 이런 본능이 작동하기 때문에 개인이 무엇을 결정하기 전에 환경 때문에 변하는 듯 보입니다. 우리의 선택과 개성은 내가 속한 환경의 영향을 받아들인 토대 위에서 결정되죠.

그렇기에 함께 살아가려면 어떤 원칙과 질서를 만들지가 중요합니다. 인간이 원하는 대로 행동하려면 무엇이 필요한지 밀그램의 실험 내용을 떠올려 보세요. 먼저, 사람이 주체적으로 생각하려면 강요와 압박을 주는 사람과의 충분한 거리가 필요했습니다. 독재국가처럼 사회적 룰이 엄격하고 강제적일수록 사람은 사람답게 살기 어렵습니다.

그런 권위자와 조금만 떨어져 스스로 생각할 심리적 공간이 생겨도 주체적으로 행동할 힘이 생깁니다. 그래서 우리나라도 권력을 가진 사람이 직접적으로 힘을 행사하고 마음대로 하지 못하도록 제한하는 법이 만들어진 거예요. 3권 분립이 대표적 예지요. 우리 민주주의는 독재정권과 투쟁해 힘겹게 이룬 거랍니다. 그래서 합의 단계를 여러 번 거쳐 중요한 결정을 하도록 사회제도로 만들었지요.

두 번째로, 서로 직접 얼굴을 보고 소통하는 방식으로 사회 시스템을 만들 필요가 있어요. 인간은 공감하는 존재입니다. 이것은 태어나기 전부터 우리 유전자에 새겨진 본능입니다. 그래서 우리는 상대의 고통을 볼 때 그 일을 내 일처럼 느끼고 멈추고 싶어 합니다. 학생과 교사를 같은 방에 두었을 때 복종률이 떨어진 이유도 그 때문입니다. 그래서 성장기에 같은 교실에 모여 생활하고 소통하며 문제를 해결해 보는 경험은 인간의 성숙을 위해 반드시 필요합니다.

코로나 팬데믹 이후 발전된 기술과 CCTV를 활용해 많은 무인가게가 생겼지요. 그런데 모습이 환히 찍히고 있는데도 무인점포에서 서시르는 범죄율은 순식간에 치솟았습니다. 주인과 소통하는 가게에 비해 두 배에 달했죠. '사람과 상호작용한다'라는 인식의 유무가 큰 영향을 준 거예요. 밀그램의 실험에서도 학생의 반응을 전혀 알 수 없게 하자 복종률은 100%로 치솟았죠.

세 번째로, 사회적 고립을 방지하는 시스템을 지속적으로 개선해야 합니다. 기술 발전은 갈수록 인간이 혼자서 많은 것을 해결하도록 해 줍니다. 앞서 살펴본 애쉬의 실험에서도 나타났듯이, 사람은 외톨이가 되는 데 본능적인 공포를 느낍니다. 밀그램의 실험에서도 거부 의사를 밝히면 그 그룹 안에서 외톨이가 되어야 할 때 사람들은 명령을 거부하지 못했어요.

한 사람이라도 함께 비난받을 사람이 있으면 인간의 마음은 크게 달라집니다. 꼭 나와 같은 의견일 필요도 없습니다. '다른 사람'이 존재하는 것만으로 우리는 신념과 용기를 지킬 수 있습니다. 개성을 존중하고 다양한 목소리를 들어 보도록 민주적인 소통의 장을 만들어 가는 일은 그래서 매우 중요합니다.

지금까지 심리학의 세계를 함께 여행하며 마음이 어땠나요? 새로운 앎이 여러분에게 어떤 영향을 주었나요? 한 인간의 고통에 깊은 관심을 기울였던 상담심리학부터 인간이 함께일 때 일어나는 다양한 현상을 연구하는 사회심리학까지. 심리학의 뼈대인 이 영역들은 여러분이 살아갈 시대에 막강한 영향력을 행사해요.

이제 심리학이 알려 주는 세밀한 지식이 위협이 아닌 희망이 되기를 저는 소망합니다. 심리학을 통해 여러분이 자신을 더 깊고 세심하게 바라보며 사랑하게 되기를, 서로를 이해하고 소통하며 수용하기를 진심으로 바라요.

참고문헌

<애트킨슨과 힐가드의 심리학> Susan Nolen-Hoeksema 외, 박학사, 2011
<심리학의 이해> 권석만 외, 학지사, 2019
<종의 기원> 찰스 다윈 저, 이민재 역. 을유문화사, 1995
<비글호 항해기> 찰스 다윈, 샘터, 2006
<진화론과 다윈> 레베카 스테포프 저, 이한음 역, 바다출판사, 2002
<칼 로저스의 카운슬링의 이론과 실제(Counseling and Psychotherapy: Newer concepts in Practice)> 한승호·한성열 역, 학지사, 1998(원저는 1942년에 출판)
<현대심리학 이해> 현성용 외 17인 공저, 학지사, 2010년
<인간의 동기와 성격(Motivation and Personality) >에이브러햄 H. 매슬로우, 교육과학사, 1992
<존재의 심리학>, 에이브러햄 H. 머슬로우 저, 이혜성 역, 이대출판부, 1985
<촘스키의 통사구조> 노엄 촘스키 저, 장영준 역, 알마, 2016
<언어와 정신(Language and Mind)> Avram Noam Chomsky, 1968
<촘스키, 인간이란 어떤 존재인가?> 노엄 촘스키, 와이즈베리, 2017)
<동의보감-한가지 약으로 병을 쉽게 치료할 수 있는 약재 처방전> 허준, 한국학자료원, 2020

[네이버 지식백과] 십자군전쟁
[네이버 지식백과] 윌리엄 제임스 [William james]
[네이버 지식백과] 게슈탈트 심리학 [Gestalt psychology]
[네이버 지식백과] 스키너 [Burrhus Frederick Skinner]
[네이버 지식백과] 로저스 [Carl Ransom Rogers]
[네이버 지식백과] 에이브러햄 해롤드 매슬로 [Abraham Harold Maslow] (21세기 정치학대사전, 정치학대사전편찬위원회)
[네이버 지식백과] 위대한 심리학자 매슬로의 탄생 (사회과학 명저 재발견 2, 김명언)

[네이버 지식백과] 1%를 위한 상식백과 <컴퓨터>
[두산백과] 노암 촘스키 [Avram Noam Chomsky]

[연합뉴스] '장(腸) 건강이 뇌 건강' 맞다… '장뇌 축' 작동 메커니즘 확인 (한기천 기자, 2022. 4. 26.)
[BBC뉴스 코리아] 긍정 심리학: '무한 긍정'의 힘? 독 될 수도 있다 (2021. 2. 17.)
[미래 한국] 뇌신경과학기술시대의 윤리 (류영준 강원대 의학전문대학원 사회의학교실 주임교수 2017. 9. 12.)
[경향신문] 나치 전범 책임 어디까지? 100세 남성 기소한 독일, 역사학자 사과하라는 폴란드 (이효상 기자 2021. 2. 10.)
[EBS 다큐 프라임] 미스터리 아일랜드 붉은 크리스마스 섬 1부. 조용한 점령자
[한겨레21] "누군가 내 얼굴을 뒤집어쓰고 있었다" 어린 시절 쌍둥이 형제와 헤어져 다른 삶을 산 잭 유피(1933~2015), 나치와 유대인 사회에서 자란 두 사람의 엇갈린 운명과 공통점(이로사 객원기자)
[딴지일보] 왜 백인경찰 총에 맞아 죽는 건 흑인인가 (2015. 4. 29.)
[비즈뉴스] 무인매장 확산세 주춤…리테일 기업들 '셀프계산대' 철수하는 이유는? (오현식 기자 2023. 12. 11.)

<The Father Factor> Poulter & Stephen B., Prometheus Books, 2006)

Minsky, M. (1975). Patrick H. Winston, ed. A Framework for Representing Knowledge (The Psychology of Computer Vision ed.). New York: McGraw-Hill.
Hensch TK, Bilimoria PM (July 2012). "Re-opening Windows: Manipulating Critical Periods for Brain Development"
Shatz CL (1992) Dividing up the neocortex. Science 258.
van Praag H, Kempermann G, & Gage FH (2000) Neural consequences of environmental enrichment. Nature Reviews 1.

Farah, Martha J. (2005) “Neuroethics: the practical and the philosophical”
TRENDS in Cognitive Sciences Vol.9 No.1, 34-40
Daniel J. Simons & Daniel T. Levin (1998) “Failure to detect changes to people during a real-world interaction”, Psychonomic Bulletin & Review
Loftus, EF; Palmer, JC (1974). “Reconstruction of Automobile Destruction : An Example of the Interaction Between Language and Memory”.
Garry, Maryanne Manning, Charles G. Loftus, Elizabeth F. Sherman, Steven J. (1996) “Imagination inflation: Imagining a childhood event inflates confidence that it occurred.”
Pezdek, K., Finger, K., & Hodge, D. (1997). Planting false childhood memories: The role of event plausibility. Psychological Science, 8(6), 437-441
“Sources of Human Psychological Differences: The Minnesota Study of Twins Reared Apart” (1990), by Thomas J. Bouchard Jr, David T. Lykken, Matthew McGue, Nancy L. Segal and Auke Tellegen
McCrae, R. R. & Costa, P. T. (May 1997). “Personality trait structure as a human universal.”.
John, O. P., Naumann, L. P., & Soto, C. J. (2008). Paradigm Shift to the Integrative Big-Five Trait Taxonomy: History, Measurement, and Conceptual Issues. In O. P. John, R. W. Robins, & L. A. Pervin (Eds.),
Ditto et al. (1997) “Motivated Skepticism: Use of Differential Decision Criteria for Preferred and Nonpreferred Conclusions“
Storms, M. D. (1973). Videotape and the attribution process: Reversing actors’ and observers’ points of view. Journal of Personality and Social Psychology
Bargh, J. A., Chen, M., & Burrows, L. (1996). Automaticity of

social behavior: Direct effects of trait construct and stereotype activation on action. Journal of Personality and Social Psychology, 71(2), 230-244.

Kathleen D. Vohs (2015). Money Priming Can Change People's Thoughts, Feelings, Motivations, and Behaviors: An Update on 10 Years of Experiments

Kay & Ross, (2003) The Name of the Game: Predictive Power of Reputations versus Situational Labels in Determining Prisoner's Dilemma Game Moves

Williams, L. E., & Bargh, J. A. (2008). Experiencing physical warmth promotes interpersonal warmth.

Asch, S. E. (1956). Studies of independence and conformity: I. A minority of one against a unanimous majority.

[End Time Headlines] *Man dies by suicide after talking with AI Chatbot (Mar 31, 2023)

미주

1 착한 과학자들-책임 있는 연구 수행을 위한 과학자 윤리 (미국 한림원, 글램북스, 2016)

2 <심리학의 이해> 권석만 외. p. 27

3 전두엽의 전운동피질 아래쪽과 두정엽 아래쪽, 측두엽의 뇌성엽 앞쪽에 주로 많다고 해요.

저자 소개

노을이 선생님은 17년 차 심리상담사입니다. 처음 삶의 방향을 잡는 청소년과 청년 상담에 애정을 품고 있죠. 지난 10여 년간 여러 권의 책을 낸 작가이기도 합니다. 선생님은 깊고 따뜻한 눈빛과 확고한 상담 윤리의 소유자입니다. 한 인간의 고통에 깊이 공감하고 전문성과 진정성을 상담마다 녹여내죠. 사례 연구 모임에서 드러난 선생님의 세심함에 상담실 문을 두드리는 상담사도 많습니다. 노을이 선생님은 국가 자격을 갖춘 청소년 상담사입니다. 가장 큰 규모와 공신력 있는 한국상담학회의 2급 전문 상담사이고, 이외에도 10개 전문 영역 상담사 자격증을 가지고 있죠. 답이 보이지 않는 사례도 성공적으로 돕고자 심화 수련 과정을 5년간 수료하기도 했습니다. 까다로운 사례를 만난 상담자를 효과적으로 돕고 싶어 수퍼바이저 자격을 준비하고 있습니다.

선생님의 삶은 사랑하는 남편과의 깊은 유대, 세밀하고 탁월한 공감 능력, 끊임없이 수련하고 공부하는 성실함으로 요약됩니다. 역사를 관통하는 치료의 힘에 단단히 발을 디딘 선생님은 오늘도 성장과 변화를 믿으며 살아갑니다. 선생님이 내신 책은 『10대와 통하는 심리학 이야기』, 『10대와 통하는 성과 사랑』, 『이야기를 들어주는 심리학』, 『나는 어떤 삶을 살아야 할까』(공저), 『내 아이가 불안해할 때』(공역) 등이 있습니다.

청소년과 대학생을 위한 심리학의 모든 것

초판발행 2026년 1월 20일

지은이 노을이
펴낸이 노 현

편 집 김용순
표지디자인 BEN STORY
제 작 고철민·김원표

펴낸곳 ㈜피와이메이트
서울특별시 금천구 가산디지털2로 53, 210호(가산동, 한라시그마밸리)
등록 2014. 2. 12. 제2018-000080호
전 화 02)733-6771
f a x 02)736-4818
e-mail pys@pybook.co.kr
homepage www.pybook.co.kr
ISBN 979-11-7279-171-1 93180

정 가 19,000원